JN439158

아버지의 조강지처

아버지의 조강지처

김문선 수필집

계간문예

2019. 가을

작가의 말

네 번째 저서 《아버지의 조강지처》를 상재합니다. 세 번째 출간한 수필집 《잠들지 않는 바람의 신》이 출판사와 견해 차이로 재간再刊을 못했습니다. 500부의 책으로는 턱없이 부족해 독자님들의 불평이 있었음을 인정하면서 몇 작품을 교정해서 이 책에 수록했습니다. 먼저 읽으셨던 독자님들께는 양해를 구합니다.

출간할 때마다 표지를 걱정했지요. 이번에 출간하는 수필집엔 표지는 물론이고 간지에도 제가 그린 민화를 담았습니다.

수필은 쓰면 쓸수록 발가벗어야 함에 부끄럽고 움츠러듭니다.

원숙하지 못한 글에 공감해 주시고 영글지 못한 그림에 채찍질과 칭찬해 주실 독자님들의 독후감을 기다리며 설레고 싶어요.

2020년 경자년에는 독자님들 댁마다 경사가 넘쳐나시길 빌어봅니다!

2019년 12월 광교호반 秀鄕停에서

■ 차례

1부

연서

2부

아버지의 조강지처

3부

어변성룡도

4부

사이좋은 도서관

5부

엄마의 첫사랑 (콩트모음)

6부

실자라인호에서(기행문)

7부

높은 사람 나오라고요

2017 여름

연서

영호강 연가 (노랫말)

1) 만나보고 싶어요 온화한 그 얼굴
백사장에 앉아 나의 이름 부르던
정겨운 그 목소리 들려오네요
사랑이 무언지도 모른 채
수줍기만 했던 학창시절
어제 일처럼 또렷합니다

후렴: 아~아 아~아 영호강가에서
아~아 아~아 그대 이름 불러요

2) 정답 없는 세상살이 힘겨울 때는
화수분처럼 피어오르던 열정을
회상하며 속울음을 울었지요

시간을 거슬러 가 봅니다
사랑해서 사랑을 보낸 건
그대를 향한 나만의 순정

후렴: 아~아 아~아 영호강가에서
아~아 아~아 그대 모습 그려요

3) 보고 싶다는 말 못하고 기다려도
흘러간 강물은 돌아오지 않네요
주름진 얼굴 은발 되도록
그리움에 갇혀 살아온 세월
강물에 새긴 영롱한 추억
정녕 돌이킬 순 없는 건가요

후렴: 아~아 아~아 영호강가에서
아~아 아~아 그대를 기다려요

연서

아침에 창문을 열고 맞이한 바람 이야기를 점심 무렵 지운다. 한결 차가워진 공기를 별안간 마시지 말라고 적었던 글이 어색하다. 따가운 햇살이 내려 쪼이고 있기 때문이다. 햇빛 차단제를 바르고 나서라는 내용의 글을 쓰려는데 이번엔 또 구름 사이로 해가 숨어버렸다.

언제나 그에게 쓰는 편지는 시와 때를 놓치고, 다음엔 꼭 부치리라 하다가 말아버리는 게 나의 일과 중 하나다.

아침상엔 검정 참깨와 찹쌀을 갈아서 쑨 영양 죽에다 전복 장조림을 올리련다. 저녁엔 청양고추를 곱게 다져 넣은 맑은 콩나물 국으로 진종일 지친 속을 풀어줘야 한다.

순모 양복은 촉감이 좋으나, 구김이 잘 타니 혼방混紡으로 고른다. 넥타이는 의상의 색깔과 조화롭게 매어주어 일터에서도 단연 돋보이게 꾸며주련다.

출근하는 뒷모습을 뿌듯한 눈길로 바라보며 하루를 보람되게 마무리

하고, 집으로 돌아오는 발걸음이 참새 깃털처럼 가벼우라고 속삭이면, 그는 어떤 표정을 지을까.

늘 나의 의식 속에서만 존재하는 말들을 들려주기엔 너무 먼 거리에 그가 있다. 그 거리보다 더 험난한 장벽은 윤리와 도덕이란 걸림돌이다.

내가 쓰는 편지는 늘 우체국 문턱을 넘지 못한 채 책상 위에서 긴 잠을 잔다. 그 잠은 언제 깨어날지 모른 채 글귀들은 소멸되어 버린다.

어느 때 나는 내가 진정한 바보라는 생각이 든다. 때로는 나도 세상살이를 알만큼 안다고도 생각한다. 내가 바보라고 생각할 때는 그에게 할 말을 다 못 하고 머뭇거릴 때다. 조금 철이 들었다고 생각할 때는, 매일매일 써놓은 일상의 편지를 부치지 않은 것이다.

그는 편지 받는 걸 사양한다. 휴대폰 문자를 풀어내는 건 더욱 싫어한다. 컴맹이라 메일은 읽을 수가 없다고 손사래를 친다. 나는 시원한 소통을 원하는데 그는 언제나 답답한 불통만을 고집한다.

내가 물 주고 가꾼 화초들을 그가 싱싱하게 바라봐주고, 내 손으로 수놓은 커튼을 쳐주어 아늑한 밤을 맞이하게 해주고 싶다. 섬섬이 손질한 무명 자리옷을 입혀서 숙면에 든 그의 평온한 모습을 혼자 바라보고 싶다.

그 모든 걸 편지로만 써야 한다. 말은 입안에서 맴돌고 행동은 자유를 잃었으며 의식은 허공으로 사라진다. 지금까지 나의 뜻을 행동으로 옮긴 적이 단 한 번도 없다. 때로는 그를 맞이할 준비를 했는데 그는 항상 내 앞에 나타나지 않았다. 나는 또 다음을 혼자 기약한다.

함께해서 좋을 시간이 십 분이면 된다는 생각은 언제나 상상으로 끝이 난다. 따로 해서 힘겨운 날을 꼽기엔 손가락이 모자란다. 아마도 우리들의 운명엔 별리別離가 있었나보다. 행복한 만남의 십 분을 갈구하며 평생을 살아가라는 그런 운명!

참 오래 전 이야기들을 나는 아직도 어제 일처럼 기억하고 있다. 여학교 교복의 제약은 남학생들과의 펜팔도 허락되지 않았다. 체육시간에 교실에 홀로 남은 담임 선생님은 우리들의 책가방을 공공연한 비밀로 샅샅이 뒤졌다. 책가방 검사에서 연서라도 발견되면 그 학생은 교무실로 불려 가 혼쭐이 났다. 어디 그뿐이랴. 그 한 통의 편지로 인해 급우들 사이엔 '연애박사' 라는 불명예스러운 꼬리표까지 달고 다녔다. 때론 어떤 대상이 있는 급우를 일부 친구들은 부러워도 했다.

나도 담임 선생님의 눈에 띄지만 않았을 뿐, 펜팔을 하고 있는 여학생 중의 한 사람이었다. 너무나 소중한 나만의 비밀편지를 아무에게도 들키지 않으려고 돗자리 밑에다 감췄다. 할머니와 함께 쓰는 방 천정의 도배지를 조금 찢어 그 속에 끼워 넣기도 했다. 다행히 그에게서 받은 편지는 아무에게도 들킨 적이 없었다. 칠 년간 일기처럼 쓰던 편지가 뚝 끊어지면서 그와의 인연도 일단락됐다.

그 후 우리들의 역사는 각각으로 흩어졌다. 겉으로는 무심히 사는 듯했다. 오랜 세월 나만의 의식 속에서 그는 여전히 푸른 꿈으로 존립하고 있다. 그 꿈으로 인해 때로는 온몸을 적시는 신열에 시달리기도 했다. 그 열기로 인한 심장의 박동은 습관처럼 따라와 고독의 늪으로 나를 빠트려 놓았다.

준엄한 현실은 나를 늪에서 끌어내 주었다. 내가 책임져야 할 가솔들에게 의무를 다하며 차분함을 배웠다.

세월의 강을 가로지르는 추억의 다리를 오십 번이나 건너온 이야기,

검은 새벽 혼자 들추어본다.

계절은 무심히 제자리를 찾아들어 귀뚜라미 소리로 가을을 알린다. 귀뚜라미의 울음소리를 의미화 해서 나는 또 그에게 가을 편지를 쓰고 싶어 진다. 그의 숨결을 느낄 수 있는 공간은 오로지 그 한 곳, 나의 붓은 오늘도 편지지 위에서 멈출 줄 모른다.

난향蘭香

그는 삼단 화환, 꽃바구니, 란蘭 중에서 본인의 취향대로 고르라고 카카오톡 문자메시지를 보내왔다.

나는 "기왕이면 동양란으로 보내주세요."라는 답글을 보냈다. 이메일에서 캡처한 초대장을 카카오톡으로 그에게 보낼 때는, 그냥 '나 이렇게 살아요' 하고 알려주고 싶었을 뿐이었다.

한국문인협회와 국제PEN한국본부에 이름 석 자 올리고, 그 세계에 빠져든 지도 어언 십육 년이다. 작가가 되고서도 글의 감옥에 갇혀 산 것만은 아니다. 늘 무얼 쓸 것인가를 고민하며 살고 있긴 하다.

그동안 내 생각을 막을 수 있는 이는 아무도 없었다. 언제 어디서나 그와 함께 있다고 생각한다. 샤워를 끝낸 나의 몸에 그가 바디크림을 발라준다. 밥을 먹을 때는 그를 식탁 맞은편에 앉게 하고, 제주도산 옥돔 가시를 발라주거나, 전복장조림과 시원한 나박김치를 그의 앞으로 옮겨준다. 한밤중에도 그를 표현할 수 있는 시어詩語가 부르면 어느 곳이든 뛰어 나간다. 깊은 잠 속에 빠져있는 그를 불러낼 수 있는 초능력도 갖고 있다. 그와 함께 겨울 호숫가를 거닐다가 집으로 돌아오면, 체온이 떨어진 그를 위해, 실내 온도를 높이고 따뜻한 목욕물을 받아준다. 내 행동의 발로와 결과물을, 다른 사람들한테 들킨 적은 단 한 번도 없다. 다만 시어 속에 들어있는 판타지이기 때문이다.

그가 출간해 준 시집 《그곳에 있는 너》가 있다. 그 책을 출간한 뒤 십이 년 세월이 흘렀다. 그 시의 메타포는 — 내 살 언저리에/ 열꽃이 피어나면/ 바람에 한많은 이야기/ 실려 보낸다.— 이었다. 현실은 스피드 시대다. 바람보다 문자 메시지가 빠르다. 오로지 문자 메시지로만 우리들의 이야기는 시시로 이어진다.

나의 연정은 별리別離 반세기에도 핑크빛이건만, 그는 자신의 울타리와 지위와 명예를 지키는 데만 충실한 사람이다. 그런 그도 때로는 현실을 망각하고 환상 속에서 헤매는 나를 찾고 싶지는 않을까!

오래전 나의 등단 시詩를 읽고 독후감을 전화로 들려줬다.

"영호강을 읽으니 눈물이 나더라."

나는 그때 시 공부를 하고 있던 중이었다. 시어들은 덜 익은 사과처럼 풋내를 풍기고 있을 때였다. 또 호구지책으로 지하철 3호선 안국역에서 꽃집을 운영했었다. 어둠과 친할 수밖에 없는 지하생활이었다. 주어진 환경 탓으로 시어들도 온통 회색빛이었다. 그는 채 영글지도 않은 나의 시어들에게 이엉을 얹어주었으며, 출판기념회 비용까지 송금해 주었다. 수입지輸入紙에 올 칼라로 장식된 연꽃이 시집의 품위를 더했다. 어떤 시어는 우물가에서 주워왔고, 또 다른 시는 성에가 낀 유리창을 긁어야 하는 침울한 부분도 적나라하게 그려졌다. 내 삶의 면면을 드러냈으며, 눈물과 한숨도 고스란히 담아냈다. 그가 나의 시어들을 읽다가 몇 번이고 책을 던져버렸을 것 같았다. 고등학교 교복 속에 감춘 연정을 끄집어내어 되새김만 하고 싶었을지도 모른다.

시집을 읽은 그가 나의 더 깊숙한 속내를 알고 싶었는지, 몇 년 후에 또 수필집을 출간해 주었다. 수필집 《잠들지 않는 바람의 신》 역시 그 사람만 해독解讀할 수 있는 이야기로 편집됐다. 독자는 오로지 단 한 사람, 그에게만 들려주고 싶은 이야기였다. 그는 시집詩集을 보냈을 때와는 달리 독후감을 말하지 않았다. 기다리다 못한 나는 마주 앉아서 독후감을 듣기 위해 부산행 KTX에 몸을 실었다. 마음의 빗장을 열 수 있는 키key도 준비했다.

그는 상공부에서 주는 은탑산업훈장까지 받은 글로벌 기업체 경영주다. 분주 다망한 그가 모처럼 나와 함께 해주었다. 우리는 광안리 바다 냄새를 맡으며, 따가운 가을 햇볕이 내려 쪼이는 횟집 창가 식탁에 마주 앉았다. 조금 쑥스러웠다. 그 분위기를 버무리느라 모둠회를 안주로 맥주 한 병을 나누어 마셨다. 그는 내가 내어 민 선물포장을 약간의 망설임 끝에 풀었다. 쪼그리고 앉은 자세였다. 그의 옆얼굴은 고교시절의 풋풋함이 묻어났다. 길이 십오 센티 정도의 보석함 뚜껑이 열렸다. 나는 그의 얼굴을 찬찬히 살폈다. 환한 미소로 나를 바라보았다. 소년처럼 서느런 눈에서는 금새 눈물이라도 쏟아질 것 같았다. 나도 울컥하는 속울음을 애써 삼켰다. 더이상 그를 마주 볼 수가 없었다. 선물상자에서 나온 행운의 열쇠가 마음의 빗장을 열었던 걸까.

"내가 저세상에 갈 때 이것만은 가슴에 꼭 품고 가겠소. 저승에 와서 행여 나를 못 찾거든 이 걸 보고 찾아오구려!"

난생 처음 듣는 말에 가슴이 철렁 내려앉았고, 나는 어떤 답변도 하지 못했다. 그는 감정의 기복이 심한 사람이 아니다. 무뚝뚝한 경상도 사나

이의 대표적인 인물이라고나 할까. 그런 그가 숨이 멎어도 좋을 만큼 황홀한 독후감을 들려주다니….'

그를 만나는데 참으로 오랜 시간이 걸렸다. 남녀 간에는 벗이 될 수 없는 지엄한 현실과 도덕성이, 그와 나의 앞을 가로막고 있었기 때문이다. 그날은 달랐다. 어디라도 갈 수 있고 누구든 만날 수 있다는 '시인' 이라는 수식어를 남풍우고, 새벽 열차에 올랐고 그를 만나 회포를 풀었기 때문이다.

몇 달 전 내가 존경하는 B 여류시인이 '시민과의 책읽기 운동' 주인공으로 무대에 섰을 때였다. 축하 꽃다발을 전달하고 돌아서며, 나도 모르게 튀어나온 말이 있었다.

"나는 언제 이 자리에 한 번 서 보나."

그 말을 한 지 두 달 만이었을까. 이천십육 년에 '한국예술복지재단 '의 창작지원금을 받는 행운을 거머쥐었다. 그 여세를 몰아 시집 《광교 호반의 하루》를 상재했다.

"2017년 2월 계간문예 한국문학발전포럼이 주최하는 '시민과의 책읽기 운동' 의 주인공은 김 시인입니다." 차윤옥 계간문예 편집주간의 전화를 받고 내 귀를 의심했다. 산수공부를 못해 분수는 잘 모른다. 국어는 좀 하는 편이라 비교적 주제 파악은 할 줄 안다. 차 주간의 추천에 화답했고, 조심스레 이 자리에 섰다. 행사가 진행되는 동안 혹여 그가 '짠' 하고 나타날까 출입문을 자꾸만 바라봤다. 그는 끝내 선량한 모습을 보여주지 않았다. 다만 그가 보내준 동양란이 자리를 대신하고 있었다.

그의 모교인 오지 중학교는 농촌 인구가 줄어들면서 학생 수를 채우지

春色他夏色

못해 폐교 위기에 처했었다. 그는 역사 속으로 사라질 모교를 사비私費로 사들였다. 입학생들의 등록금도 받지 않고, 오히려 장학금까지 주면서 후학들을 키우는 숭고한 일을 지속하고 있다. 이천십칠 학년도 졸업식 장면을 휴대폰 동영상으로 내게 보내왔다. 같은 날에 진행되는 내 출판 기념회에 참석치 못하는 사유로 대신한 것이리라. 기업가다운 발상이었으며, 매우 고무적인 답변이라 나는 할 말을 잃고 말았다.

그가 보내준 동양란을 받던 날,
도자기 화분에는 십여 촉의 꽃대가 옹기종기 봉오리를 내밀고 있었다.
황금빛 화분이 볕이 잘 드는 내 집 거실에 자리를 잡은 다음날부터 향기를 풍기기 시작했다.

가까이 가면 사라지고, 멀리 서는 맡을 수가 없다.
어느 정도의 거리에서 스치듯 풍기는 그윽한 난향!
나는 그 님의 체취인 양 흡입한다.

미풍을 꿈꾸다

금가루가 첨가된 아이스와인이 혀끝에 닿으니 달콤하고 향긋했다. 약간의 시간이 흘렀다. 온몸에 전류가 흐르는 듯 짜릿해 온다. 내 방으로 돌아와 샤워하고 잠자리에 들었다. 아뿔싸! 내 육신엔 동물적 열기와 습기가 폭풍처럼 엄습해왔다. 숨소리마저 고를 수가 없어 금세 지구를 떠나버릴 것 같다.

바람의 춤사위도 멈춘 칠흑 같은 밤이다. 나의 영혼은 시와 때를 잊은 것일까. 따가운 가을 햇살을 받아 톡톡 터지려는 목화솜처럼 부풀어 오른다. 방금 속리산 L관광호텔 칠백십이호에서 리마인드 신혼여행을 온 지인 부부와 자리를 함께 했다. 그들의 자릿술 두 잔을 석 잔으로 나누어 마셨다. 그 술이 몇 곳의 정거장을 거치지 않고 종착역인 말초신경에 먼저 도착해버린 걸까.

말로는 표현할 수 없는 섬세한 감정들이 전신을 극도로 흥분시켰다. 온몸이 뒤틀리고 숨이 막혀 온다. 침대에서 튕기듯 일어나 동쪽으로 난

발코니 문을 활짝 열어젖혔다. 육중한 유리문은 나의 신음에 가까운 숨소리를 방안에다 밀어 넣고 순순히 열려 주었다. 실내화를 신은 채 무엇에 홀린 듯 발코니로 나갔다. 기척도 없이 다가온 한솔 향이 가운 속으로 스며들어 속살을 휘감는다.

"청량한 솔향기여! 연유가 있어 나에게 찾아들었다면 내 감관感貫 켜켜이 박힌 분노와 고독과 피멍울까지 거두어 가거라."

바람은 내 말을 흘려버린 채 솔향의 싱그러움만 쓸어안고 어느새 사라져 버렸다. 아까보다 더 큰소리로 외쳐본다.

"그리스 신화 속 아이올로스여! 허리케인의 거대한 위력으로 나를 넘어뜨리지 않아도 좋다. 잔풍도 바람일진대 그 바람에도 흔들릴 허기진 나의 영혼을 보듬어 주려마. 흐벅지고 감미롭게."

농익은 시월의 밤하늘, 붉어진 눈길로 우러러본다. 동편 하늘이 위로라도 하려는 듯 우주 쇼를 펼쳐놓고 나와 마주하고 있다.

"이건 신이 빚어낸 최고의 걸작이야. 터키의 국기다!"

주목나무와 한솔과 단풍나무와 편백나무들이 우두커니 서서, 제목도 없는 내 모노드라마를 구경하고 있다.

속리산 자락에 둘러싸인 하늘은 붉은 융단을 깔아놓은 듯 폭신하고, 오른편 하늘에 걸린 초승달의 가슴엔 작은 별 하나가 수줍게 안겨있다. 저 진귀한 모습을 어느 유명화가가 저대로 그려낼 수 있을까. 하늘이 펼쳐준 환상적인 우주 쇼를 나 홀로 감상하다가는 가슴이 벅차오르다 못해 터져 버릴 것 같다. 절친 문우文友의 휴대폰에다 문자를 날렸다.

"지금 서울의 하늘에도 초승달이 고운 별 하나를 보듬고 있냐?" 고.

"아니야. 그런 하늘이 아닌데."

나의 흥분된 문구와는 판이한 지극히 일상적인 글귀가 들어왔다. 그 한 줄이 지금 이 찬연한 분위기에 찬물을 끼얹는다.

오늘 같은 밤엔 바람신이 휘파람을 불고 춤도 추고 나를 대신해 광란이라도 벌였으면 좋겠다. 내 흐트러진 영혼을 덜어내어 계곡물에 헹구고 싶다. 정갈해진 마음이 제자리에 들면 나 고이 잠들 수 있을까.

혼자이지 않으면서 혼자라고 느낄 때가 참 많았다. 어쩌다 혼자일 때 늘 이름을 알 수 없는 바람의 흔듦에 온몸의 습기를 빼앗겼다. 무미건조해진 육신은 길디 긴 갈증에 시달렸고, 그때마다 강풍에 휘말려 달아나버린 지난날들을 반추한다.

나에게 불어 온 미풍美風은 그리 많지 않았다. 과거 보러 한양 가던 선비가 타고 온 말에게 죽을 먹이고 자신도 허기진 배를 채웠다는 말죽거리, 그 언저리에 처음으로 작은 보금자리를 마련했었다. 이립而立후반에 불어온 바람이 첫 번째 미풍이었다.

연년생으로 딸 셋을 낳고 사 년을 지났다. 망단望斷인 줄 알았다가 느닷없이 태기를 느꼈다. 노산으로 인해 처절한 산고를 겪었지만 우량아로 탄생해 준 아들! 그 아들을 품에 안고 초유를 물렸을 때 온 세상은 감미로운 바람은 나를 향해서만 불어오는 듯했다. 두 번째 미풍이다.

공직에 있던 남편은 칠 년을 고수했던 자리에서 힘겹게 한 계단 올라섰다. 세 번째 미풍이다.

몇 년 후 줄을 서서 불어오던 태풍은 십구 년 삼 개월 동안 동서남북에서 쉼 없이 불어 닥쳤다. 내 작은 체구로 막아내기엔 힘에 부쳐 울면서 주저앉고 또 쓰러져 통곡했다.

지난주에 문수사에서 남편의 사십 구제를 지냈다. 남편이 이십여 년을 환자라는 이름으로 사는 동안 남은 가족은 벼랑 끝으로 몰린 처절한 신세였다. 환갑 나이에 '건강검진' 이라는 걸 처음으로 받았다. 가뜩이나 작은 키가 오 센티나 줄어든 걸 그제야 알았다.

지인 부부와 마신 순하디 순한 와인 한 잔, 그 술이 이십여 년 굳게 닫혔던 내 옥문玉門을 부셔버린 걸까. 황금가루가 동동 떠다니던 와인, 그 한잔에 현실을 망각하고 바람의 노예가 돼 버리다니……!

나는 별반 술자리를 즐기지 않는다. 남편이 술과 담배를 벗 삼았다가 '뇌경색' 이라는 병명을 얻었기 때문이다. 기분이 썩 좋을 때만 술의 유혹에 빠져든다. 주위의 분위기가 무르익을 즈음엔 내 설움으로 인해 헤쳐 모여가 되기 일쑤다. 지인들이나 친구들은 여간해서 내게 술을 권하지 않는 이유다. 성냥을 그어대면 파란 불꽃이 일어나는 금딱지 '코냑' 반 병의 도수도 나의 간은 너끈히 분해해 낸다. 중국의 명주 '마오타이' 오십 오 도의 살인적 독주를 마셔도 얼굴색 하나 변하지 않는다. 그날따라 음료수 같은 술에 중심을 잃은 건 무슨 까닭인지.

'일생에 세 번 문장대에 올라야 극락에 이른다' 는 전설을 믿고 신혼여행지인 속리산을 찾은 지인 부부는 그날 두 번째 짐을 풀었다. 다음날 오를 문장대를 꿈속에서 미리 만나고 있는지 기척이 없다.

지구를 잡고 흔드는 포악한 태풍에겐 대부분 여자의 이름을 붙인다고 들었다. 간 밤 속리산 자락을 휘감아 우주 쇼를 펼쳐놓고 나의 밤을 부유해버린 바람에게는 어떤 이름을 붙여줘야 썩 잘 어울릴까?

※ 아이올로스는 호메로스의 서사시 『오디세이아』에 등장하는 인물로 아이올리아라는 섬의 지배자. 또는 동 서 남 북풍을 지배하는 바람과 날씨의 신.

※ 2008년에 쓴 '잠들지 않는 바람의 신' 을 2019년 봄에 교정하다.

책은 다 팔렸소

발코니 밖 잔디밭에 묵묵히 서서 나를 지켜보고 서 있는 매화나무 두 그루가 있다. 얼마 전까지 빛바랜 잎새 몇 개쯤 매달고 있었는데 지금 보니 앙상한 가지만 후르르 떨고 있다. 아들이 대학시절 입었던 검정 파카에는 아직 젊은 혈기가 남아 있을 것 같다. 그것을 매화나무한테 입혀주고 싶어진다. 저 앙상한 가지에도 지난봄엔 연분홍빛 꽃은 피어났고 그 윽한 향기도 풍겨주었고 내 흐려진 시야에 화사함을 선물했었다.

지난해 삼월 《그곳에 있는 너》라는 이름표를 붙여 출간한 시집詩集을 천지신명께 상재했었다. 그 책 속엔 내 삶의 우여곡절과 그를 향한 애절한 노래와 그와 이별 후의 얘기들로 점철돼 있다.

학창시절의 순수한 연애담에서 성인이 되어 각자의 길로 가야만 했던 애달픈 이야기도 들어 있다. 살점을 도려내고 소금을 뿌리는 아픈 이야기를 부끄러운 줄도 모르고 가감 없이 열거했다. 그 일은 그의 뜻과는 무관했다. 그와의 이별 후의 얘기를 순전히 나의 감성과 나 혼자 겪어야 했던 삶의 편린들을 그에게 한 번쯤은 들려주고 싶었기에 적은 것이다.

그날은 꽃샘추위로 꽤 매서운 날씨였다. 바깥 온도와는 달리 나의 가슴은 뜨거운 열정으로 달아오르고 있었다. 상기된 얼굴을 그의 가슴에 묻어 품새를 가늠해 보고 싶었다. 약속 장소도 내가 정하고 시간도 내 맘대로 전달했다. 몇 벌 안 되는 의상 중 가장 부드러운 실크 원피스를 골랐다. 아껴두었던 구두도 손질했다. 이젠 약속 장소로 달려가면 되는 거다. 별안간 휴대폰 벨이 울렸다. 그의 목소리다. 마음이 급해졌다. '그가 나보다 먼저 약속장소에 도착했다는 걸까. 약속장소를 잘못 찾은 건지' 잠시 동안 상상의 도가니 속을 헤맸다.

"처녀작 출간을 진심으로 축하하고 대성하길 바라오!"

그의 목소리는 아스라이 멀어졌고 손에 들린 휴대폰은 흉물로 변했다.

그는 진주에 있는 N고교생일 때 서울로 수학여행을 왔었다. 야간 자율시간에 길을 잃지 않았다면, 동갑내기인 내 이복 오빠가 숙소까지 데려다 주지 않았을 것이다. 또 오빠한테로 보내온 감사의 편지를 내가 가로채 오빠 대신 답장을 보내지 않았다면 그와의 만남은 없었을 것이다.

그는 진주에서 나는 서울에서 천릿길을 사이에 두고 학창 시절을 보내고 있었다. 그 무렵 내 일기장은 그에게서 받은 편지로 채워졌다. 해맑고 새파란 꿈을 가꾸기 위해 한글사전을 무시로 들추었고 드디어 '사랑' 이라는 단어를 찾아냈다. 연애담이 실린 시집을 찾아 서점을 들락거렸고 편지지 한 장도 정성들여 골랐다. 우리가 열거한 사랑이라는 단어가 만리장성을 쌓아갈 무렵 그의 아버지 부름을 받았다.

"우리 가문에선 첩실의 자식을 종부宗婦로 들인 순 없다. 내 아들의 신세를 망치지 않으려면 네가 마음을 달리 먹어라."

이립而立에 들었던 말, 지천명知天命인 지금도 방금들은 듯 생생하다.

그와 펜팔이 되면서부터 그 사람밖에 몰랐고 그가 나의 생명 줄인 줄 알았고 그와 헤어진다는 건 상상도 못 했다. 그의 아버지 말처럼 나로 하여금 그의 신세를 망칠 순 없었다. 내 마음 한 번 바꾸어 그의 불행을 막을 수 있다면, 새털같이 가벼운 마음으로 돌아설 수 있을 것 같았다.

그때 그 마음은 잠시였고 나는 지옥불 속에서 헤매야 했다. 그 사람의 이름을, 선한 눈빛을, 진실한 사랑을 지운다는 건 천형이었다. 고개를 흔들고 책 속에 얼굴을 파묻어도 온통 그의 모습만 눈앞에 어른거렸다.

혹독한 열병을 치른 뒤 내 앞에 펼쳐진 지엄한 현실을 받아들이기로 맘먹었다. 마음 한 번 접으니 모든 것이 순조로운 듯했다. 스물네 살에 내 인생 이 막의 장을 연 것은 현재 남편과의 결혼이었다.

그때 하나의 맹세를 자신한테 했었다. '내 이세들의 사랑에는 엄마라는 대의명분을 앞세워 절대로 개입하지 않겠노라' 고.

내 깊은 뜻이 딸들한테도 통했을까! 딸 셋이 모두 처음으로 맺은 인연 따라 짝을 맺었고, 자신들의 선택에 책임을 다하고 있다.

아들은 얼마 전 캠퍼스커플이던 여자 친구와 마침표를 찍었다. 마지막 선물로 받아온 양복, 넥타이, 와이셔츠를 한 번도 몸에 걸치지 않는다. 요즘 세대도 이별의 아픔은 예전과 별반 다르지 않는가 보다. 그 일로 하여금 아들이 보지 않는 데서 서럽게 울었다. 내 쓰라린 과거가 반추되었기 때문이다.

인생 이 막을 연지도 어느덧 삼십 년이다. 서로가 각자의 위치에서 삶의 터전을 가꾸며 살았다. 남자와 여자가 겪는 고통은 판이하게 다를 것 같다. 그 다름을 인정하면서도 유독이 지울 수 없는 그의 실루엣만은 내 안에서 아직도 푸르다.

지천명 고지에 올라서야 인생 삼 막의 장을 열었다.

폭풍의 언덕도 굽이진 황토 길도 가파른 강안江岸도 태풍이 쓸어간 뒤다. 따라서 내 삶도 두루뭉술해졌다.

인생행로의 절반을 토대로 가꾸어 놓은 문학 꽃동산, 그 글밭으로 여러 독자님들을 초대하고 싶다. 꽃과 시를 사랑하는 독자들의 발자국 소리에 귀를 기울이는 자신의 모습을 상상해 본다. 참으로 아름다운 그림이 그려진다.

며칠 전 지인들과 점심식사 중에 그에게서 전화가 걸려왔다.

"책은 다 팔렸소?"

"네. 거의 다……"라고 얼버무렸다.

휴대폰을 끊고 난 뒤에 혼잣말로 중얼거렸다.

"책이 뭐 건강보조식품인가요? 그리 쉽게 팔리게."

따사로운 햇살이 창문을 뚫는다. 잔디를 밟고 서 있는 매화나무 두 그루가 동시에 나를 바라본다. 몸과 마음이 움찔해진다.

그는 왜 내게
책은 다 팔렸냐고 물었을까!

2019 가을

아버지의 조강지처

아버지의 조강지처

내가 여학교 시절이었다. 정월 초사흘이면 어김없이 그가 우리 동네에 나타났다. 사십대로 보였고 전라도 사투리로 농담을 잘했고 그 농담 속엔 고사성어가 들어있어 꽤 유식해 보였다.

"월심아! 하고 부르면 간드러진 목소리로 예-에! 하고 기생이 달려 나올 거요. 아무리 어여쁜 기생이라도 매일 찾는 골 빈 사내가 몇이나 있겠소? 어서 이름을 고쳐야 서방님을 매일 볼 수 있당게."

한문으로 서울 엄마의 성함을 풀이하면서 한 달에 한 번이라도 생각나야만 찾는 기생의 이름으로 몰아붙였다. 그도 그럴 것이 성함이 이월심李月心 씨였기 때문이다. 그가 스스로 개명 비 절반만 받고 지어준 이름은 '이정원李庭媛' 씨였다. 그는 자신의 실력을 믿어보라며 너스레를 떨었다.

"이름을 싹 바꿔버렸응게, 지금부터는 드넓은 정원에서 비단 옷자락을 좔좔 끌 것이고, 양귀비로 화신을 해 밤마다 서방님 품에 들 것이여."

할머니는 잊을 만하면 이런 말씀을 하셨다.

"시앗은 남자 팔자에 있는 것이 아니라 여자의 속곳에 들었다."

작은댁을 여럿 거느린 당신 아들을 옹호하고, 죄 없는 며느리 탓으로 떠넘기려는 발언이었던 것 같다. 할머니가 하시는 말씀에 토를 달지 않았고 매사를 주어진 운명처럼 묵묵히 받아들였다.

우리집에서 서울 엄마의 파워는 아버지 다음으로 막강했다. 각자 아이스케이크 공장을 경영하는 작은엄마들도 아버지 버금가게 섬겼다. 아버지가 조강지처한테 깍듯이 예의를 갖추어 대하셨기 때문이리라.

내 나이 열세 살에 외할머니 손에 이끌려 아버지生父를 찾아 공덕동에 있는 본가本家에 왔다. 그 무렵 아버지는 두 분의 작은댁을 두고 있었다. 황실이 나오는 영화나 막장드라마에서는 시기와 주도권과 질투로 인한 싸움이 그치질 않는다. 우리집엔 싸움 소리는커녕 얼굴을 찌푸리는 사람조차 없어 신비롭기만 했다.

아버지는 서울 엄마와 다툴 일이 생기면 편지를 쓰셨다. 그 편지는 내게 주어졌으니 먼저 읽을 수밖에 없었다. 편지 내용을 전해드릴 때는 내 뜻을 담아 아버지의 말씀인 양 꾸몄다. 물론 답장도 두 분을 화해시키는 내용으로 대필해 아버지께 넘겼다. 아버지는 내가 전달한 사연을 진심인 양 알아차리고 내 등을 토닥토닥해주셨다. 두 분의 집배원이 되어 화해를 시킨 셈이다. 그런 일은 꽤 자주 있었다.

십이 첩 저녁 밥상머리에서 할머니는 서울 엄마한테 미안한 표정을 지으며 말씀하셨다.

"조강지처 버리는 놈은 한강물을 못 건넌다. 암 그렇지 그렇고말고."

아들의 부도덕함을 짐짓 나무라며, 며느리한테 당신 아들의 면죄부를 주려고 하셨던 걸까! 그 말을 듣고 서울 엄마가 짓던 차가운 표정은, 내 여린 가슴을 서늘케 했고 지금도 그 날의 분위기가 선연하다.

우리집 가정식 백반은 수준급이었다. 대소가 사람 중에 그 음식을 안 먹어 본 사람도 없지만 한 번만 먹은 사람은 없다. 오랜 가뭄으로 쌀 구경하기도 힘들었을 때도 '곳간에서 인심난다' 는 옛말이 우리집에선 존재했었다. 시골도 아닌 서울에서 제삿밥도 삼이웃에 나누어 먹었다.

아버지가 경영하시던 감천당 아이스케이크 공장엔 시골에서 상경한 친인척은 물론이고, 외판원을 비롯해 부엌일 도우미, 홀 서빙을 하는 아가씨들까지 수십 명의 사람들로 북적거렸다. 뒷마당에는 커다란 가마솥이 세 개나 걸렸다. 아이스케이크 원료를 끓이거나 육개장이나 비지찌개와 김치찌개와 시래깃국이 끼니 때마다 익어 나왔다. 날마다 잔치집이었고 시장바닥 같았다. 그 모두는 서울 엄마의 진두지휘 하에 이루어졌다.

아버지는 작은댁에서 주무신 날도 식사는 꼭 집에서 하셨다. 어쩌다 밖에서 식사를 하시는 날에도 안성맞춤 식기는 쌀밥으로 채워졌다. 보온을 위해 밥그릇이 담긴 누비주머니는 이불 속에 묻혔다. 놋그릇을 열면 시퍼런 녹물이 흘러내렸다. 그 일을 두고 할머니는 이런 말씀을 하셨다.

"밥그릇이 주인을 잘못 만나 눈물을 줄줄 흘리는구나. 이 양반(아들)은 어디서 밥을 얻어 자시기나 했는지 모르겠네. 쯧쯧쯧!"

의복을 세탁하고 다리는 일도 손끝이 야무진 서울 엄마의 몫이었다.

아버지는 한창 일하실 오십육 세에 뇌경색에 걸려버렸다. 사업 부도로 인해 폐인이 되어 돌아온 아버지를 운명처럼 받아들였다. 십팔 년을 병상에 누워서 지내셨고 병수중은 오롯이 서울 엄마와 오빠의 몫이었다. 경제적 부담은 동생(대학교수)과 고교 국어교사인 올케가 한몫했다. 원만

한 가정을 꾸리지 못한 아버지를 원망할 수도 있었겠지만 삼 모자三母子는 마다하지 않고 병시중을 치러낸 것이다.

아버지의 둘째 부인이셨던 내 생모는 스물두 살 어린 나이에, 백일도 안 된 나를 안고 친정으로 돌아가 갖은 고생을 다 하셨다.

"조강지처가 있는 줄 모르고 결혼했다. 너희 서울 엄마가 너와 동갑짜리 아들을 안고 나타나서 내가 속은 걸 알았지. 네 아버지한테 속은 것이 억울했고 조강지처한테 죄를 짓는 것 같아서 등을 돌렸다."

나는 여덟 살 때부터 생모의 신세 한탄을 들으며 성장했고, 초등학교 사 학년 때부터 결손가정의 비애를 깨달았다. 나는 그때부터 갖은 방법을 동원해 생모를 괴롭혔다. 어른들이나 입을 한복을 사달라고 졸랐고 취득한 후에 그 한복은 생모가 보는 앞에서 갈기갈기 찢어버렸다. 예쁜 꽃신도 사달라고 시장바닥에 드러누워 떼를 썼다. 고무신은 개울에다 집어던지고는 다른 신발로 사달라며 또 졸랐다. 내게서 괴롭힘을 당하면서 생모는 땅을 치며 통곡하셨다. 생모의 통곡소리를 들으면서 나는 뜻 모르는 희열을 느꼈다. 의붓아버지와 재혼해서 낳은 아들들과 화목하게 지내는 생모를 보는 날에 행해지는 나만의 악행이었다.

내 남편도 아버지처럼 오십 대에 뇌경색에 걸렸고 십구 년 동안 앓다가 세상을 등졌다. 살아생전 금전으로는 맏딸과 셋째 딸이 도왔고, 목욕을 시키거나 마사지와 병시중은 나와 의대생이던 아들의 몫이었다. 사십 년 동안 결혼생활을 유지하면서 풍파도 많았지만 다행히 일부종사했다. 그 부분은 은연중에 서울 엄마를 닮아 있었다. 생모와 함께한 시간보다 훨씬 길었고, 언제 어디서나 정숙하고 모범적이던 모습을 본받고 싶어서였을 것이다.

아버지와는 달리 내 남편은 바람둥이는 아니었다. 천만 다행히도 내 속곳에는 시앗이 없었나 보다. 남편의 봉제사를 극진히 받드는 것도 닮았다. 유난히 정갈한 주방 살림에 눈이 부시도록 하얀 행주를 차곡차곡 쌓는 일까지 자신도 모르게 닮아있었다.

생전에 오빠가 위중한 병(폐섬유종)에 걸린 걸 모르고 계시다가 도피안에 드셨다. 일 년 후 오빠도 뒤를 따라 흙으로 돌아갔다. 당신보다 자식을 먼저 보내는 고통을 겪지 않으셨으니 천만다행이다.

서울 엄마는 팔십구 세에, 내 생모는 칠십이 세에 타계하셨다. 작은엄마들은 두 분보다 훨씬 먼저 세상을 떠났다.

아버지한테 만약 저승에서 부인을 선택할 권한이 주어진다면 과연 누구를 뽑으실까?

내 외삼촌한테 물레방앗간을 차려주고, 그 대가로 막내 여동생인 나의 생모生母를 데려다가 소실로 삼았다는 얘기를 장본인인 아버지한테서 들었다. 그것도 내 결혼식을 이틀 앞둔 날에……!

아버지가 가지 말라고 극구 말렸다는데도 핏덩이인 나를 안고 친정으로 돌아가 버렸으니 생모는 부도덕한 남편을 버린 셈이다.

두 작은엄마들도 아버지가 우환 중에 계실 때 각자 갈 길을 떠나버렸다.

아버지는 가끔 포마드를 발라 매우 미끄러운 머리를 내 무릎에 누이시고 흰머리를 뽑으라고 하셨다. 다리는 저리고 얼굴을 가까이 대고 있으니 불편하기 짝이 없었다. 싫다는 말 한 마디 못하고 그 일을 해냈고 답례로 돌아오는 용돈은 엄청나게 큰돈이었다. 돌이켜 생각하면 내 생모가 그리울 때마다 중학생인 딸에게서라도 두 번째 부인이자 첫사랑의 애절함을 느껴보고 싶었던 건 아닐까 싶다.

결혼한 첫날부터 도피안에 들기까지 뭉뚱그려 아버지의 인생을 책임지셨던 분이 바로 아버지의 조강지처다. 내가 저승에 가서 아버지를 만날 수 있다면 여쭙고 싶다.

"네 분의 부인 중 누구를 가장 사랑하셨어요?"

아주 오래전 서울 엄마를 모시고 서산 문수사에 갔을 때였다. 주지이신 혜찬 스님이 관상을 자세히 보고는 나를 향해했던 말이 떠오른다.

"지혜심佛名은 참 훌륭하신 자모慈母를 두셨소. 금생에 처음 보는 후덕하고 해맑은 보살님상이요. 이 분이 나의 어머니라면 매일매일 업어드리겠소!"

서출庶出인 나를 당신의 호적에 기꺼이 '장녀'로 올려주셨다. 소풍 때마다 첫새벽에 일어나 김밥을 싸주고 교복 칼라에 찹쌀 풀을 먹여 빳빳하게 다림질해 주셨다. 온갖 정성을 다 들인 내게서 가슴으로 불러주는 "어머니!"라는 이 한 마디가 듣고 싶으셨던 건 아니었을까.

여러 명의 소실少室을 관성처럼 맞이했던 부도덕한 우리 아버지!

약주도 못하시면서 맨 정신으로 소실들을 들일 때마다 조강지처한테 무슨 말로 소개 했을까. 그 처절한 순간을 받아들여야만 했던 조강지처의 심정은 또 어땠을까. 장본인이 아니고는 아무도 그 속을 몰랐으리라.

성명 철학가가 짓고 풀이한 '李庭媛' 여사, 그 이름 풀이대로라면 물질적으로 여유롭고 남편의 사랑을 독차지하는 미인으로 재탄생하실 것이다. 부디 다음 생에는 그 성명철학가의 말이 적중하기를 빌어본다.

"남편의 외도에는 돌부처도 돌아앉는다."는 속설이 있다.

서울 엄마의 제적등본에는 나 말고도 배 아프지 않고 낳은 세 자매가 더 올라 있다. 아버지의 조강지처인 서울 엄마를 우리 네 자매 모두가 영원한 생불生佛로 받들어 모셔야 마땅할 것 같다.

내 사랑하는 아들아

— 의약분업 & 의료파업~

아들아!

이른 봄부터 매스컴을 타고 온 국민의 입 줄에 오르내리던 '의약분업' 법안이 녹음이 우거진 여름에 국회에서 통과됐다. 그 무렵부터 시작됐던 '의료파업' 사태는 온 산에 단풍이 곱게 물든 이 가을까지도 매듭을 못 짓고 있구나.

우리나라 의사 한 명이 국민 일만여 명의 건강을 맡아서 돌봐야 하는 실정이라고 방송을 통해 들었다. 또 어떤 경우에도 의사는 국민의 목숨을 담보로 '파업' 을 하거나 '진료거부' 를 해서는 안 된다고 환자와 가족들은 분노했다. 어떤 이는 아이가 아파 이 병원 저 병원을 뛰어다니다가 겨우 입원을 시켰다며 "의사 놈들 X자식들."이라며 욕을 하더구나. 또 어느 암 환자는 정부와 의료인 대화의 장소에 무단 침입하여 소리쳤다.

"국립의대에서 값싼 등록금 내면서 공부한 의사들 각성하라." 고.

국립의대에서도 은행 대출금으로 등록금 내면서 공부하는 내 아들에게 혹시나 돌팔매가 날아갈까 밤새워 걱정했다. 신문마다 방송마다 의사들의 목을 조이는 용어들을 서슴지 않고 쏟아냈다. 병원 문을 닫고 환자를 받지 않는 어느 개인병원을 가감 없이 TV를 통해 공개했다. 병원 경영에 후일을 장담할 수 없는 위험한 장면이 남의 일 같지 않다.

아들아!

엄마가 다니던 직장 근처에선 조립식 테이블을 놓고 울산 의대생 네 명이 일조가 되어 유인물을 나누어 주고 있었다. 그 학생들의 하얀 얼굴색은 한 눈에도 공부만 하던 의학도임을 알 수 있었지. 그들은 지극히 쑥스러운 모습으로 행인들에게 홍보물만 나누어 줄 뿐 말이 없었다. 어디선가 내 아들도 그들처럼 '조용한 시위'를 하고 있을까 생각하니 울컥 가슴을 치받고 올라오는 무언가를 느꼈다. 엄마는 그 학생들의 등을 토닥여주며 눈물을 삼켰다.

"며칠 전 내 아들도 여름 흰 T셔츠에 겨울 검정 바지(여름 검정 바지가 없어서) 입고 여의도 시위에 참석하러 갔어요. 학생들 식사 꼭 챙겨먹고 부모님께 자주 전화해드리고 힘내요." 하고 당부했다.

엊그제 두 달 만에 네 얼굴을 보니 무척이나 수척해졌더구나. 밥이나 제대로 챙겨 먹고 다니느냐고 네게 물었지.

"가끔은 선배 의사 선생님들한테 육개장도 얻어먹어요."

네 대답이 목에 가시로 남아 그날은 엄마도 밥을 넘길 수가 없었다.

아들아!

얼마 전 모 일간지 광고란에 '아버지, 어머니 죄송합니다.'라고 쓰인 대문짝만 한 의대생들 사과문을 읽고 감동의 눈물을 흘렸다. 공부만 하는 의학도들은 자유로운 시간이 줄어들수록 사랑하는 가족들과도 멀어질 수밖에 없었지. 매사에 긴장하고 예민해져서 성품도 냉철해지는 줄로만 알았다. 광고문을 보고 이내 내 생각이 틀렸다는 걸 깨달았지. 자신들 이상으로 부모들이 괴로워한다는 걸 알려주는 고마운 대목이었다.

의사, 약사들의 요구사항을 다 들어주지 못하는 정부나 법안을 마련한 국회 모두가 국민들의 건강을 생각하는 마음은 하나일 것이다. 그러기에 서로의 주장이 옳다고 양보하려 하지 않는 건 아닌지.

엄마는 네게 이런 말을 하고 싶다.

"국가에서 네게 무얼 해 주길 바라지 말고, 네가 먼저 국민의 건강을 위해 무얼 해야 할까"를 연구하라고.

아들아!

몇 해 전 엄마는 속리산에 단풍구경을 갔는데 때 아닌 (10월 26일) 첫눈이 내렸어. 단풍 위에 앉은 흰 눈은 참으로 신비로웠고 그 풍경을 구경하는 모든 이들은 탄성을 질렀지. 첫눈은 춥지 않은 날씨로 인해 금세 녹아버렸고 젖어있던 단풍색은 더욱 선명해졌다. 녹아버린 눈으로 인해 등산로는 그만 진흙탕 길로 변해 버렸지. 그 길을 가야 하는 등산객들의 불편함은 이만저만이 아니었어.

아들아!

"대통령 공약이자 국민들의 약물 오남용을 막기 위한 제도이니 꼭 시행돼야 한다." 고 호남 사람인 셋째 매형은 큰소리로 말했다.

"전 국민이 불편해하는 제도를 왜 만들어 온 세상을 시끄럽게 하느냐.” 고 영남 사람인 엄마가 맞받아쳤다. 장모와 사위의 정치적인 배경과 지역감정까지 곁들여져 혹여 다툴 것이라 느껴지더냐? 네가 한 말에 엄마는 뜨끔했다.

“엄마! 막내 매형이나 주변 분들이 아무리 의사들을 욕해도 아무 소리 하지 마세요. 그분들이 하는 이야기 그냥 듣기만 하세요.”

너의 충고에 엄마는 할 말을 잃었다. 학생 신분에 정치적인 쟁점까지 개입해야 하기에는 너무나 시련이 컸을 것이다. 오랜 시간 어려운 일을 겪어서였을까. 역사의 전환기에서 어려운 공부를 하게 돼서인지, 이번 일을 겪으면서 한층 성숙해진 내 아들의 모습을 발견했다. 엄마는 가슴으로 울었고 네 앞에선 애써 뿌듯한 표정을 지었다.

한 때 ‘중풍환자인 남편 받들고 지하철역에서 꽃 장사하며 아들 의대에 보낸 여성 가장의 절규’ 라는 타이틀로 호소문을 펼쳐 들고 총리공관에 있는 ‘신문고’ 를 두드리고 싶었다. 북소리를 들으면 온 세상 시선이 집중 되겠지. 그런 다음 작금의 사태를 지켜보는 의대생 가족의 입장을 피력하고 싶었다. 다른 학과에 비해 이 년을 더 공부해야 하고 등록금 실습비용 또한 비싸서 영세민인 우리 처지로는 도저히 감당 할 수 없는 현실이었지. 의대생들이 수업거부를 해서 유급까지 당한다면 우리더러 차라리 죽으라고 하는 것이 낫겠다고 외치고 싶었다.

가난을 대물림하지 않기 위해서는 능력 있는 의대생은 정부에서 인재로 키워달라고 호소도 하고 싶었다. 지엄한 현실은 이내 엄마의 마음을 접게 했다. 어쩌다 총리공관 앞을 지나치다 보면 경찰관들의 경비는 삼엄했다. 시민들이 빨리 그곳을 지나쳐 주기를 바라는 눈초리도 느낄 수 있었다. 특히 신문고가 비치된 정각엔 개미 새끼 한 마리도 얼씬 못하도록 엄숙한데 지하철역에서 꽃이나 팔고 있는 중 늙은이가 감히 어떻게 신문고 근처에나 갈 수 있겠니?

아들아!

정부와 의사 약사 모두가 대립하고 반목하며 쌓아버린 높디높은 감정탑, 그것을 허물어버릴 처방전은 어디에 있는 걸까? 엄마가 나서서 시월에 내렸다가 따뜻한 날씨로 인해 스르륵 녹아버린 하얀 눈 얘기를 들려주면 어떨까! 엄마 얘기를 듣고 모두들 눈처럼 녹으면 참 좋겠다.

의예과 이 년을 거쳐 어렵사리 올라온 의학부 이 학년 참으로 중요한 시긴데, 아침 신문을 읽자니 의대생들 '집단유급 초읽기' 란다. 엄마는 기가 막혔고 한숨이 절로 나왔다. 학점 못 따면 유급이라며 도서관에서 틀어박혀 열심히 공부하던 네가 타인들로 인해 공부할 시기를 놓친다면, 이 세상은 살 만한 세상이 못 될 것이다.

아들아!

가까운 날에 신문지상에 이런 광고를 실어주렴.

"부모님! 참고 지켜봐 주셔서 감사합니다. 지금 우리들은 강의실로 돌아갑니다."

없는 돈 빌려서라도 광고비에 보태주마. 내년 이 학기부터 네가 어릴 때 소아천식으로 자주 입원했던 지방공사 강남병원으로 실습을 나간다지? 선배 의사들 뒤따라 다니며 현장실습을 하는 하얀 가운 입은 우리 아들 참으로 보고 싶다. 히포크라테스의 선서를 확실하게 지키는 명의名醫가 되려면 아직은 더 많이 공부하고 혹독한 수련의 과정을 거쳐야겠지.

'산사람의 몸에 칼을 댈 수 있는 유일한 직업인' 을 의사라 칭한다고 들었다.

'인술仁術' 이라는 명제를 붙여서 대우해주는 인정받는 직업을 가진 사람은 적확한 진단과 예지력銳智力으로 환자를 치유하는데 소홀함이 없어야겠지. 지금 네게 닥친 시련을 선배 의사 선생님들이 잘 해결해 주실 테니 그 어른들의 말씀이 옳다고 생각되면 순응하렴. 설사 옳지 않다고 느껴지더라도 그냥 보아 넘겨야 해. 절대로 그분들한테 지적을 한다든지 자신의 의견을 딱 부러지게 표현하지 마라. 이 세상 어떤 일에도 경륜과 덕은, 쌓은 세월을 넘어설 수 없단다.

아버지가 건강하시면 엄마가 이런 편지 쓰지 않아도 될 걸. 목욕탕 정담이나 중랑천 둑방을 거닐며 나누는 남성들끼리의 인생 상담으로 고민은 덜어지고 부자父子간의 정은 더욱 돈독해질 텐데……!

오십사 세의 엄마가 이십삼 세의 아들한테 쓰는 이 편지가 세상에 알려지는 날을 기다리고 싶은데 정녕 그 날이 올는지 모르겠다.

어느새 새날이 밝아오는구나. 어제보다 나은 오늘이길 빌면서 이만 줄여야겠다. 병상에 계신 아버지의 쾌유와 의약분업의 명쾌한 타결을 빌면서 줄인다.

2000년 10월 26일 엄마가.

뿌리를 찾아서

이 수필을 발표한 지 어언 구 년이 지났다. 처음으로 청주 정씨 종친회에 참석했을 때 아들은 초등학교 일 학년생이었다. 삼십이 년이라는 세월이 흘러 현재는 어엿한 비뇨기과 병원장으로 우뚝 섰다. 아들 큰아버지의 예언이 적중한 것 같다.

일구팔육 년 오월 사일 초등학교 일 학년생인 외아들의 손을 잡고, 청주 정씨 종친회에 처음으로 참석했다. 직업이 경찰관인 남편은 집안 애경사에 참석과는 거리가 멀었다. 철야 근무를 하는 날이 많아, 자신의 건강을 지키기에도 힘겨웠다. 휴일도 반납한 채 비상근무를 하는 아빠를 대신해서 천리 길을 가겠다고 아들이 따라나섰다.

아들은 일구칠팔 년 팔월 칠일생이다. 혹서가 한창인 중복날, 몸무게 사점 사 킬로의 거대한 몸으로 생애 첫울음을 터뜨렸다. 손톱발톱도 길게 자라있어 백일쯤 된 아기 같았다. 우렁찬 첫 울음소리를 들은 산부인과 원장이 아이를 거꾸로 들고 말했다.

"내 손으로 받은 아기가 수백 명인데, 너와 같은 장군감을 만난 건 처음이다."

나는 백오십오 센티로 작은 키에, 몸무게 사십오 킬로그램의 약골이었다. 그 몸으로 거대한 신생아를 순산했으니 병원은 축제 분위기였다.

아빠의 나이는 마흔 하나, 내 나이는 서른 둘이었다.

"많이 낳아 고생 말고 둘만 낳아 잘 기르자."가 보사부의 슬로건이었던 시절이었다. 위로 딸 셋까지 사 남매나 낳았으니, 키우고 가르칠 생각에 마음은 천근의 무게였다.

남편은 술을 마신 날은 습관처럼 말했다.

"고아원에서 데려오더라도 아들은 있어야 한다."

손자처럼 태어난 아들은 아버지의 소원을 성취시켰다. 태명을 비롯해 이름이 네 개였다. '왕자님 행운아 태양이시어 정재현.'

첫돌날이었다. 환갑 나이의 큰 시숙께서는, 충남 성환읍 매주리 집성촌에 더불어 살고 있는 시댁 어른들을 모시고 대거 참석했다. 삼십 명이나 되는 재경 종친들도 축하의 자리를 빛내 주었다.

그날 큰 시숙께서는 이제 겨우 걸음마를 시작한 조카한테서, 어떤 영감을 얻었는지 이런 말을 했다.

"이 아이는 크게 될 인재다. 멸문 지경인 '회계댁' 문중을 다시 일으킬 큰 인물이 될 것이다."

관광버스 안에서 종친회 부회장인 정인용 시숙이 아들에게 물었다.

"네 아버지의 이름은 무엇인고?"

아들은 앉았던 좌석에서 벌떡 일어났다. 처음 보는 어른 앞에 차렷 자세로 서서 이렇게 대답했다.

"정 영자 용자 님을 아버지로 모십니다."

현재는 이십일 세기인데, 정 씨 가문에서는 종친 간에도 내외를 하고 있었다. 성주에 있는 회연서원으로 향하는 두 대의 관광버스 앞 유리창에 '남성용 · 여성용' 이라는 낯선 단어가 붙어있었다. 남성용이라는 안내문이 붙은 차에 문중 남자 어른이 먼저 오른다. 뒤이어 중 장년 청년들이 올랐다. 여성용 차에도 대모大母뻘인 왕지댁 할머니가 먼저 올랐고, 다음으로 중년과 젊은 여인들이 승차했다.

나는 독자인 아버지 슬하에서 육남매 중 둘째로 자랐다. 서울에서 비교적 현대식 교육을 받았다. 영화에서나 봄직한 이 낯선 장면을 처음으로 목격하고 놀라지 않을 수 없었다. 엊그제 갓 시집온 새댁처럼 온몸은 움츠려 들었다.

관광버스로 다섯 시간을 달려와 드디어 성주 '회연서원' 에 도착했다. 탕건을 쓰고 옥색 도포를 입은 제관祭官 여러 명이 '회연서원' 에 정렬해 있었다. 마당에는 심부름을 하느라 바쁜 걸음의 청년들도 보이는데, 여인들은 도통 보이지 않았다. 낯선 청년이 허리를 구십 도로 꺾고 인사를 하고는 우리들을 안내했다. 연로하신 어른들은 위채로 모시고, 나를 비롯한 젊은 아낙네들을 사랑채로 안내했다. 사랑채에는 한복을 곱게 차려입은 문중의 며느리들이 사랑방을 채웠다. 관광버스에서도, 회연서원에 와서도 가족 간에 내외를 하는 모습이 생경스럽다.

우리 자손들에게 가문의 영광을 알리고, 언제 어디서 누가 묻더라도 선조님의 업적에 대해 말할 수 있기를 바라는 마음으로, 백곡 선조님과 한강 선조님 형제분의 발자취 일부를 기록한다.

-청주 정 씨의 시조(1대조)는 고려 때 중랑장이셨던 정극경鄭克卿 님이시다. 조선 중기에 정곤수鄭崑守 선조님은 우승지의 벼슬에 올랐다. 임진왜란이 발발하자 선조대왕을 의주로 피신시킨 뒤 명나라로 건너가 원군을 끌어들이는데 탁월한 외교 솜씨를 발휘했다. 백곡 선조께서는 임진왜란에 혁혁한 공을 세운 공로로 충익공' 忠益公으로 추서 되셨다. 좌찬성 예조판서 등을 역임하셨으며 사후 영의정에 추증되셨다.

조선 중기의 예학자로 문장가로 명성을 떨쳤던 정구鄭逑 선조께서는 정곤수 님의 아우이며 김굉필의 외증손자다. 조남명曺南溟 이퇴계李退溪 선생 문하에서 성리학을 공부하셨다. 광해군 즉위 일 년에 대사헌에 임명되셨다. 대사헌의 감찰업무는 권력의 핵심이다. 정구 선조께서는 벼슬에 연연하지 않고 광해군의 폭정에 반기를 들었다. 광해군이 이복동생인 영창대군을 강화도로 유배시켰을 때도, 한강 선조께서는 그를 구하기 위해 상소의 붓을 들었다. 임해군의 옥사가 일어나자 이에 관련된 모든 사람을 용서하라고 상소한 뒤 벼슬을 버리고 성주로 낙향하셨다. 백매원(회연서원)을 세우고 매화 향기 속에 묻혀 살며 후학 양성에 여생을 바치셨다.

한강 선조의 후손들은 형님이신 백곡 선조의 제사상엔 돼지의 목 부위를 올린다. 아우님인 한강 선조님한테는 몸통을 올린다. 그런 모습에서 선형후제先兄後弟의 섬김을 배웠다. 또 겹겹이 쌓아올린 제물에서 명문대가의 넉넉함도 익혔다. TV에서 대하던 양반가의 제사의식이다. 나는 며느리라는 이유로 직접 참여는 못하고 섬돌아래서 지켜볼 수밖에 없었다. 훌륭한 가문에 시집와서 귀한 자손을 두게 된 것에 뿌듯함을 두 번째로 느낀 날이다.

종친회에 다녀온 이후 아들은 이전보다 한결 의젓해졌다. 걸음걸이에서 말씨까지 누가 가르치지 않았는데도 반상의 예의를 갖춘 애 늙은이가 됐다. 소아천식으로 응급실 문턱이 닳도록 들락거린 것 말고는 평소에도 엄숙한 아이라 나무랄 데는 없었다.

돌이켜 보면 초등학교 일 학년생인 아들이, 선조님들의 업적을 찾아 나선 것은 참으로 기특한 일이었다. 어려서부터 가문의 영광을 몸과 마음에 새기고 성장할수록 자부심도 함께 크기를 바라는 엄마의 마음을 담아본다.

종친회에 다녀온지 이십육 년 만인 지난해 말, 아들은 인제대학병원 레지던트 이 년차에 성혼했다. 밀성 박 씨 문중의 참한 규수(바이올리스트)를 아내로 맞이했다. 아들의 처가에 예단을 보낼 때, 우리 가문의 소개 책자를 보냈는데 안사돈이 편지를 보내왔다.

"막내딸을 명문 대가로 시집을 보내게 되어 영광입니다."

나도 답장을 보냈다.

"귀한 따님이 우리 가문에 며느리 됨을 축하드립니다!"

동생 김동욱(상명대 교수)는 우리 가문에 대해 직간접으로 많은 연구를 하고, 족보를 상명대학교 도서관에 기증한 장본인이다. 내가 건네준 족보와 일구팔칠 년 삼월 십일 자 중앙일보 '성씨의 고향' 에 실린 기사, '한국 성씨 대백과' 를 토대로 해설을 보내온 소중한 자료 일부를 첫 번 수필집에 옮겼었다. 동생을 친정에서 만날 때면 하는 말이 있다. "자형 앞에서 김 씨 성에 대해선 절대로 내세우지 마세요. 우리가 왕족이긴 해도, 청주 정씨 앞에선 고개를 숙여야 해요."

이십여 년 병석을 지키다 이 년 전에 타계한 아버지를 대신해, 가장 역할을 하면서 겪어야 할 수많은 난제들을 생각해본다. 나는 아들을 대신해 종친회에 열심히 참석한다. 회의 결과를 동영상에 담아다 이메일로 보내주고, 유인물을 건네주면 아들은 엄마를 향해 대답한다.

"지금은 생활전선에서 뛰고 오십대가 되면 종친회에도 나가야지요."

청주 정씨는 튼튼하고 자랑스러운 뿌리를 둔 축복받은 후손들이다. 선조님들의 애국애족 정신을 이어받아 명문 거족의 영광을 이어가길 바라는 마음 간절하다.

2009년에 쓴 작품을 2018년 가을에 교정하다.

누군가 내게 묻는다면

누군가 내게 이 세상에 태어나 가장 잘한 일이 무엇이냐고 묻는다면, 남편이 내게 했던 말을 고스란히 인용할 수밖에 없다.

"서글프고 미안하고 아프고 화급한데 내 힘으로는 도저히 해결할 수 없었소. 그때마다 당신이 들어 나를 구원해 줬다오."

청명 한식도 지나고 추석도 한 달이나 지난 늦가을 남편의 묘소를 찾아가는 길이었다. 목적지를 지근에 두고 운전대를 잡은 막내 사위와 옆자리에 앉은 막내딸이 별안간 탄성을 질렀다. 뒷자리에 앉았던 나는 동면에 들기 위한 곳을 찾는 뱀이라도 본 걸까? 하는 의구심이 들었다. 성묫길에 뱀을 만났다면 불길한 징조다.

"장모님, 저길 보세요. 저기요!"

사위가 손가락으로 오른쪽 창밖을 가리켰다. 낙엽이 쌓인 야산이 있고 추수가 끝난 작은 논배미가 있을 뿐이다. 이번에는 딸아이가 차문을 열고 말했다.

"저기 저기요. 안 보여요?"

"어디, 어디를 보라는……!"

내 말이 채 끝나기도 전에 '나 여기 있소' 하듯 가던 길을 멈춘 사슴 한 마리와 눈길이 딱 마주쳤다. 누가 아름다운 여인의 눈망울을 보고 사슴의 눈을 닮았다고 했을까! 그 말을 한 작가한테 저 선연하고 아릿한 사슴의 눈길을 보여주고 싶다. 떡갈나무 단풍색을 닮은 털은 영국 신사의 의상처럼 말끔했다. 사위는 장인을 딸은 아버지를 나는 남편의 선하던 눈동자를 동시에 떠 올렸다. 사슴은 마치 이 순간을 눈 안에 담기라도 하려는 듯 한참을 바라보다가 유유히 숲 속으로 사라졌다.

남편이 세종시 전의면에 위치한 청주 정씨 공원묘지에서 잔디 이불을 덮은 지 어언 십일 년째다. 그동안 숱하게 이 길을 오고 갔지만 이런 일은 처음이다. 자동차를 지니고 있을 땐 즐거우나 괴로우나 외로울 때마다 고향처럼 찾았던 곳이다. 이순耳順이 넘어 자동차를 없애고 난 뒤부터 막내 사위가 내게 큰 효도를 한다.

해마다 할 일 중 가장 큰 행사는 남편의 제사상을 차리는 일이고 두 번째는 성묘다. 그 모두를 치렀기에 집으로 돌아가는 마음도 가쁜 했다. 아뿔싸! 이번에는 딸아이가 소리를 질렀다.

"저기 좀 봐요. 아까 그 사슴인가 봐!"

사위와 나는 동시에 한 곳을 바라보았다. 기실 아까 보았던 사슴이었다. 우리는 동시에 고인의 환영이라고 생각했고 마음이 숙연해졌다.

산소에 가는 길에 만났을 때는 우리를 마중 온 거였고, 지금은 큰길 가까이 내려온 걸로 보아 배웅한다는 느낌이 들었다면 착각인 걸까!

남편은 결벽증 환자를 방불케 할 정도로 섬세한 성격을 가졌었다. 이십여 년을 '뇌경색 환자' 라는 이름으로 살았다. 병이 깊어져 제대로 몸을 가누지도 못하면서부터 대소변을 자신의 힘으로 해결하지 못했다. 나는 웃음을 잃었고 불치의 병 앞에 굴복하며 암울한 세월을 보내야만 했다. 낙천적인 내 모습을 본받고 싶다며 다가오던 지인들도 하나둘 내게서 멀어져 갔다.

내 젖을 먹은 아가의 응가 냄새는 참기름보다 고소했다. 아기 입에서 나는 젖 냄새를 맡으며 혀로 핥아주고 싶은 충동마저 일었다. 어쩌다 푸른 응가를 보면 덜컥 겁부터 났다. 혹여 내가 먹은 야채에서 나쁜 성분을 빨아먹어 생긴 일은 아닐까 걱정이 태산이었다.

남편의 응가는 소나무 껍질처럼 굳어있어 그냥 받아낼 수가 없었다. 약간의 준비가 필요했다. 우선 일회용 장갑을 끼고 항문 주변에 얼굴 마사지용 젤을 발라준다. 어느 정도의 시간이 흐른 뒤 괄약근이 부드러워지면 검지와 중지를 항문 속으로 밀어 넣는다. 잡히는 대로 꺼내다 보면 역한 냄새가 온 집안에 퍼져나간다. 남편의 얼굴은 통증으로 일그러진다. 그렇다고 그냥 봐줄 수도 없다. 일주일 동안 쌓인 노폐물을 마지막 한 점까지 다 뽑고 나면 나는 온몸의 기를 빼앗기고 나가떨어진다. 나의 수고로 하여금 속이 시원해진 남편은 천진스러운 표정을 지었다.

그 일을 치를 때마다 괴악스러워하면서도, 수년간 나 혼자 해낸 일이기에 자신의 관대함에 스스로 놀라기도 했다. 나는 끝까지 친절이라는 가면을 쓰지는 못했다. 신세한탄을 하며 인상을 쓰고 남편이 들으라고 대성통곡도 했었다.

요즘은 사회복지법이 좋아져서 화장실 출입이 가능한 노인도 시설에 맡기는 집들이 많아졌다. 나 또한 자녀들에게 미리 부탁한다.

'사이좋은 도서관' 에서 일을 하며 쌓은, 사회봉사 점수가 꽤 많이 축적돼 있다. 자녀들에게 그 점수를 활용할 것도 부탁했다.

"내가 스스로 움직이지 못하면 시설에다 맡겨라. 너희들 고생시키고 싶지 않다."는 말과 함께.

꽤 오래전부터 '간병인'이라는 단어가 존재했다. 내 주변의 부잣집들은 개인 간병인을 두고 보호자는 편안함을 누렸다. 내겐 그럴 경제적 여력이 없었다. 설사 여유가 되었어도 남의 힘을 빌리지 않았을 것이다. 부부는 일심동체라고 흔히들 말한다. 내 몸이라 여겼던 배우자의 감추고 싶은 부분을 남에게 보이고 싶지 않았다. 처음부터 끝까지 내 손으로 치러 낸 남편의 '응가받기'는 세상에 태어나 내가 가장 잘한 일중의 으뜸이다. 남편의 임종도 나 혼자 지켰다. 아들이 근무하던 E대학병원 중환자실에 오십오 일 입원한 동안, 우리 가족은 숱하게 이별연습을 했다. 아들은 레지던트라 눈코 뜰 새 없이 환자들을 돌봐야 했다. 큰딸은 학교에서 후학들 지도에 매진할 때였다. 막내딸도 남편의 출근길과 삼 남매의 등굣길을 챙겨야 했다. 길고 험난했던 아버지의 환자 생활에, 자녀들의 고충은 엄청났다. 그 종지부를 찍는 순간까지 자녀들에게 짐이 되게 하고 싶지 않았다. 그 일은 긴 시간 생사고락을 함께한 아내의 몫이라 생각했다.

오늘따라 막내딸이 챙겨 온 제물祭物이 유난히 풍성했다. 삼색 과일과 떡 대구포는 물론 바나나 생대추 홍시에서 각종 과자까지 내가 좋아하는 것들로 석상石床을 그득하게 채웠다. 제를 올리고 음복할 때 바나나와 북어머리만 '고수레'를 했다. 환경오염도 문제지만 멧돼지의 해코지를 염려해서다. 음식을 고스란히 내 몫으로 챙겨 온 것이 자꾸만 마음에 걸린다. 혹시 내년에도 그 사슴을 만난다면 석상에 차려진 음식을 사슴의

올바른 스승의 길

– 맏딸에게 쓰는 편지

네가 D사범대학 역사교육학과를 졸업하고 고등학교 교직생활을 시작한 지도 어언 이십 년이 되었구나! 자정이 다 된 이 시간까지 학생들의 안전한 학교생활과 성적 향상을 위해, 잠들지 못한 채 고민하고 있는지도 모르겠다. 불혹不惑의 나이에 힘들기도 하겠지!

고3 담임을 하던 몇 해 전, 너는 학급 성적을 고심했었다. 입시철이 되면 제자 한 명이라도 명문대학에 더 보내려고 노심초사도 했었다. 그런 너의 모습을 떠올리면 이 엄마는 지금도 조바심이 난다.

아버지를 닮아 선한 눈매에 오뚝한 콧날, 고운 입술을 가져 귀티 나는 우리 맏딸! 여리한 몸으로 '학생부장'이라는 막중한 책무를 맡았으니!

너의 좁은 어깨에 얹힌 책임이 얼마나 막중했는지 엄마는 상상조차 못 하겠구나.

경찰관인 동근이 삼촌은 이런 말을 했다.

"남 선생도 힘겨운 자린데 여자가 학생부장을 수행한다는 건 어쩌면 자신의 건강을 해칠 수도 있다."

엄마는 또 가슴이 철렁 내려앉았다. 더구나 며칠 전에 너희 학교 남학생 한 명이 집에서 사망을 했다지? 엄마는 그때 너를 채근했었지.

"학교에서 일어난 사고도 아닌데 네가 웬 걱정이냐."고

너는 내 말이 떨어지기가 무섭게 맞받아치더구나.

"당연히 걱정이 되죠. 우리 학교 학생인 걸요."

나는 할 말을 잃었고 오히려 엄마를 나무라기까지 하는 네 태도에서 '교직이 천직' 인 딸이구나 하고 마음을 비웠다. 엄마는 무엇이 옳은지 잘 모르겠다. 네가 학교일에 너무 집착하느라, 건강을 잃거나 가정생활에 지장이 있을까 봐 더 큰 걱정이다.

지난달 네 아버지 산소에 함께 갔을 때였다. 너의 수척한 모습을 보면서 엄마는 가슴으로 울었다. 너의 건강을 두고 친정 엄마가 사위인 조서방을 탓하면 너희들 부부 사이를 나쁘게 할 수도 있을 거라는 예감이 들었지. 조서방한테 부탁하고 싶은 말을 꿀꺽 참았다.

일남 삼녀를 낳아 기른 엄마의 소원은 이랬다. 딸들은 경제력 있고 성품이 좋은 남편 만나 호강하고 사는 것이었지. 엄마의 소망이 통했는지 너희들은 본인들 소망대로 결혼해서 아들딸 낳고 잘 살아주니 고맙다.

너는 아들 형제만 두었으니 엄마의 이 심정을 영원히 모를 수밖에 없을 거야. 그 점은 매우 안타까운 일이다.

맏딸아!

"왜 꼭 여자인 네가 학생부장을 맡아야 하냐?"

며칠 전 엄마가 네게 물었지?

"내가 아닌 다른 사람도 하기 힘든 직함입니다."라고 너는 말했다.

아무리 사명이 막중해도 지탱할 수 있는 만큼의 고통만 받아야 하는

것 아닐까?

너는 다수의 불량 학생을 바른 길로 인도했고, 그 학생이 학교생활에 충실해 좋은 성적을 거두어 각자 원하는 대학에 들어갔다고 자랑스러워했었다.

화수분처럼 벅차오르는 그 감동을 엄마는 알지 못할 거라며 자신감도 드러냈다. 대견스러운 너의 말을 듣고 왜 엄마는 속으로 눈물을 삼켜야 했을까. 그건 아마도 감동의 눈물이었겠지!

'스승의 그림자는 밟으면 안 된다' 고 엄마는 초등학교 시절에 배웠다. 그 말은 이미 빛이 바랬다. 또 학교에서도 사회에서도 사라진 지 오래다. 요즘은 제자들에게 몰매를 맞는 교사들도 심심찮게 매스컴을 통해서 보고 있다.

2019. 여름

엄마는 너를 믿는다.

"체벌하지 않는다고 제자들을 다스리지 못한다면 선생 하지 말아야지요."라고 말하던 너의 굳은 의지를 나는 기억하고 있다.

너의 생각이 옳았다. 행동에 결함이 있는 일부 제자들을 무조건 감싸거나 체벌하지 않고, 대화로 문제점을 해결하는 그런 모습이 아름답다.

엄마는 우리 맏딸을 좋아한다. 많이 사랑한다.

우리 귀한 손자들일랑 험악하고 무질서한 세상살이에 나쁜 물들지 말고, 지금처럼 정직하고 온순하게 살아갈 수 있도록 부처님께 빌고 빈다.

교직과 엄마와 아내의 역할을 한 가지도 소홀함 없이 해 내는 우리 맏딸을 존경한다.

스승의 날이 며칠 남지 않았구나. 제자들이 네 가슴에 카네이션을 달아주는 모습도 떠올려본다. 교단에 서서 제자들에게 따스한 눈길을 보내며 보람된 시간을 함께할 내 딸의 모습을 상상해 본다.

제자들에게 어른을 섬기고 지식을 쌓고
사랑을 바탕으로 살아갈 것을 가르치는
너의 모습이 환하게 다가온다.

2017년 봄에 쓰다.

외할머니

모 방송국에서 늦은 오후에 진행하는 '사건 반장'을 즐겨 본다. 그 프로는 주로 뉴스의 뒷얘기나 사회적으로 이슈가 되는 부분을 알기 쉽게 멘토링을 해 주니 내겐 톱뉴스다.

오늘의 사건 반장 3에서 다룬 타이틀은 '알고 보니 허위 출생신고자… 왜?' 였다.

현재는 글로벌 시대다. 취업과 유학과 관광 목적으로 다양한 국적을 가진 외국인들이 우리나라를 들락거린다. 불법 체류자나 적법으로 상주하는 외국인들도 많은 걸로 알고 있다. 그들 중에 국내에서 아기를 낳는 사람들도 있나 본데, 출생신고를 할 수 없다는 걸 방송에서 들었다. 태어난 아기는 쑥쑥 자라고 학교에 갈 시기가 될 것이다. 출생신고가 돼 있지 않으면 제때 교육을 받을 수가 없는 건 당연지사다. 오늘 다루어진 사건은 외국 여인이 낳은 쌍둥이를 한국 여인의 호적에 올려만 놓고, 팔년 넘게 방치했다는 내용이다.

초등학교에 입학할 무렵 내겐 호적이 두 개였다. 서울 생부生父 김영O 씨와 아버지의 조강지처인 큰어머니한테 올려진 호적이 그 하나였다. 거창 생모生母 이순O 씨와 의붓아버지 김O식 씨의 장녀로 오른 게 두 번째 호적이다. 몸은 하나인데 호적상으론 두 사람이 된 것이다. 우연의 일치라기엔 너무나 가혹하게도 두 집안은 같은 김해 김씨 성을 가졌고, 영永자 항렬까지 같았다. 엄밀히 촌수를 따진다면 두 아버지는 형과 아우가 될 수도 있을 처지였다.

내가 서울 생부 슬하에서 중학교에 입학할 때 비로소 생모께서 개가한 집 호적을 말소시켰으며, 생부와 조강지처의 장녀로 자리매김했다.

방송을 보던 날 대학교 삼 학년생인 두 외손녀가 놀러왔다. 홀로 사는 외할머니를 위해 말 벗이 돼주려는 기특한 아이들이다. 아침부터 잡채를 만들고 민어를 튀기고 불고기도 볶았다. 소고기 무웃국을 끓이고 여러 가지 나물도 곁들였다. 며느리가 예물로 가져온 '본차이나' 그릇에 음식을 하나둘 채웠다. 이른바 '공주 밥상' 이다.

양친 부모한테서 축복받고 태어난 귀한 손녀들을 기다리는데, 뜬금없이 내 비참했던 어린 시절이 떠올랐다.

외할머니는 허리가 구십 도로 꺾인 채 땅만 보고 걸으셨다. 똑바로 허리를 펴셨다면 웬만한 남자보다 거구였을 거다. 얼굴도 남자 모습이었고 목소리도 우렁찼다. 그런 분이 내 앞에선 늘 불쌍한 표정이셨다.

외할머니는 내 생모의 명령을 충실히 수행하는 비서 같았다. 나를 이모 집으로 데려가라면 마산에 있는 이모네로 데려가셨다. 또 이모네서 데려오라면 의붓아버지와 함께 사는 생모의 집으로 데려와야만 했다.

나는 그때 마산 앞바다를 처음 보았다. 바닷물은 새파란 걸로만 책을 통해 알았다. 내가 본 바다는 누런 황토색이었다. 철이 들었을 때서야 알았다. 장맛비에 씻긴 지상의 흙이 바다를 오염시켰다는 걸.

처음 마산에 갔을 때는 생모가 여름방학을 이용해 내게 넓은 세상을 보여 주려는 뜻인 줄 알았다. 생모와 의붓아버지가 나로 하여금 다툰 날이면, 피신을 시키느라 이모집에 보냈다는 걸 내가 사 남매의 엄마가 되고서야 알았다.

초등학교 일 학년 이 학기 때였다. 외할머니는 평소와는 달리 옥색 치마저고리를 곱게 입으셨다. 괴나리 보따리 하나를 들고 내 손을 꽉 움켜 잡았다. 생모의 눈에서는 눈물이 비 오듯 쏟아졌다. 영문을 모르는 나는 또 외할머니가 이모집에 데려가는가 보다고 생각했다. 그날따라 생모가 너무나 슬피 울고 있는 모습이 이전과는 사뭇 달랐다.

외할머니의 손에 이끌려 도착한 곳은 김천 역전에 자리한 오토바이 가게였다. 이모집을 갈 때 말고는 생모 곁을 떠나 본 적이 없었던 터였다. 그날은 뭔가 분위기가 달랐다. 외할머니는 처음 보는 남자의 품에 나를 안겨주며 말했다.

"네 친아버지다. 너는 지금부터 여기서 살아야 한다."

생모와 살고 있는 아버지는 누구고 이 아버지는 또 누구란 말인가. 남들은 아버지가 한 사람인데 나는 왜 아버지가 둘일까. 의구심이 들었지만 핏줄이 댕겼는지 쉽사리 "아버지!"하고 불렀다. 처음으로 만난 친아버지는 매우 기뻐하셨고 생모처럼 눈물을 펑펑 쏟았다.

해가 지고 온 세상이 어둠에 쌓이니 엄마가 보고 싶어 견딜 수가 없었다. 밤새 울었던 기억에서 깨어났을 때 외할머니가 안 보였다. 밥도 안 먹고 엄마를 불러대며 울었다. 생부는 나를 달래느라 흘린 땀을 손수건으로 닦으며 말했다.

"강아지 한 마리 데려다 키워보려 했더니 안 되겠네! 우리 공주가 갖고 싶은 것 있으면 말해라. 싹 다 사줄게"

나는 보자기에 책을 싸가지고 학교에 다녔기 때문에 가죽 가방이 갖고 싶었다. 우리 반에서는 과수원집 장남인 찬이만 가죽 가방을 메고 다녔다. 여학생으론 내가 처음이고 싶었다. 아버지가 나를 데려간 곳엔 유감스럽게도 책가방이 없었다. 유치원생들이 메는 조그만 꽃가방만 대롱대롱 매달려 있었다. 아버지는 내 어깨에 가방을 걸어주고 할아버지 할머니가 계시는 영천으로 갔다. 그곳에는 한약재가 담긴 자루가 천장에 조랑조랑 매달리고 쌀뒤주 위에도 한약이 수북수북 쌓였다. 집안 구석구석 한약냄새가 진동했다. 나중에 알고 보니 할아버지는 한약국을 운영하셨던 분이었다. 할아버지 할머니의 극진한 보살핌에도 나는 생모 생각만 했었다. 어떻게 하면 이 낯선 곳에서 피할 수 있을까 그것만 생각했다. 나를 낯선 곳에다 떼어놓고 사라진 외할머니가 미웠다. 외할머니 손에 나를 잡혀주고 눈물 콧물 범벅이 됐던 생모도 야속했다.

나는 손녀딸들한테 엘레강스한 외할머니이고 싶었다.

젊은 여대생들의 고민을 들어주고 노래방에 함께 가서 손녀들이 부르는 노랫말 속에 든 스토리도 공유하고 싶었다. 랩에 맞추어 흔드는 핫한 몸짓도 보고 싶었다. 엄마와 딸 사이를 갈라만 놓던 내 외할머니 역할은 죽어도 하기 싫었다. 천만 다행히도 손녀들의 부모는 가정을 예쁘게 꾸려가고 있어 내 외할머니가 맡았던 악역은 면했다. 아침저녁으로 자손들을 위해 기도하는 내 정성을 부처님께서 받아주신 보람이리라.

늦은 점심을 먹었더니 속이 더부룩했다. 소화도 시킬 겸 우리는 광교 중심상가에 있는 노래방으로 갔다. 미대생인 손녀는 활달한 아이라는 걸

익히 알고 있었다. 경영학과에 재학 중인 손녀는 지극히 내성적이라 생각했었다. 그것은 나만의 착각이란 걸 금방 알게 됐다. 이종 간인 두 자매는 거침없이 하이 킥이었다. 유쾌하고 능동적인 몸짓과 함께 노래를 불렀다. 내키지 않는 노래방에 외할머니의 기쁨조가 되기 위해 따라나선 줄로만 알았던 것도 나만의 착각이었다. 신나게 뿜어낸 열정이 유쾌했고 그 유쾌함 속으로 자신도 빠져들었다.

나는 본의 아니게 난해한 출생의 비밀을 지닌 채 칠순의 나이를 먹었다. '서족庶族' 이라는 불명예를 안은 채 헤일 수 없는 불이익을 온몸으로 이겨내며 '시인' 이라는 수식어를 달았다.

외할머니는 당신 딸이 겪은 불행을 손녀한테는 절대로 물려주고 싶지 않았을 것이다. 내 속엔 아직도 외할머니의 탄식과 생모의 절규가 고스란히 살아서 숨 쉬고 있다. 그 일은 내가 문예창작과를 전공한 동기였고, 지금도 쓰고 있는 글 거리가 된 것이다.

어릴 때는 엄마한테서 나를 떼어놓기만 했던 외할머니가 한없이 미웠다. 지금은 외할머니의 부재에 가슴이 저리다. 이 자리에 외할머니가 계신다면 열 번이고 백 번이고 절을 올리고 싶다. 당신이 낳은 딸을 타인의 손에 맡겨야 했던 생모도 보듬어 드리고 싶다. 두 모녀는 이미 흙으로 돌아가신지 수십 년이 넘었다.

귀한 쌍둥이를 타국에서 낳았다는 이유로 자신의 호적에 올리지 못한 낯 모르는 여인과 쌍둥이가 불쌍하다. 물질의 유혹에 못 이겨 얼굴도 모르는 쌍둥이를 자신의 호적에 올려준 이름 모를 여인도 안타깝다.

2050년대면 인구 절벽이 도래할 것이라는 대한민국이다. 생명의 소중함이 절실한 만큼, 어떤 경우의 탄생도 축복받을 권리를 부여해야만 할 것 같다. 모든 법에는 예외가 있다고 들었다. 그 예외의 법으로라도 두 여인 모두 구원받았으면 좋겠다.

나에게 '외할머니' 라고 불러주는
여섯 명의 외손주들이 있어
나는 날마다 행복하다.

담배 없어요

우리 가족 열네 명 중 성인이 여덟 명이다. 그 중 흡연자는 단 한 명이다. 그 한 명인 큰사위의 유일한 낙인 '흡연'이 최근 단두대에 올랐다.

정부에서는 꽤 오래전에 '담배 값 인상'을 정책으로 들고 나왔다. 흡연은 자신의 건강을 해치고 가정경제에도 도움이 안 되는 건 사실이다.

큰사위는 매사에 근검절약하는 모범가장이니, 드디어 담배를 끊겠구나 하는 심정으로 내심 반겼다.

어쩌다 내가 큰사위의 흡연에 대해 불평을 하면 큰딸은 파르르 했다.

"조서방의 유일한 기호품인데 값이 오른다니 걱정은 되네요. 그렇다고 장모까지 나서서 담배를 끊으라고 말할 필요는 없어요."

성남 일화 축구팀 미드필더였던 큰사위는, 양쪽 무릎 부상으로 삼십대 중반에 화려한 그라운드를 떠나야 했다. 차범근 감독을 위시한 막강한 프로선수들의 모임인 '열하나회' 회원이고, 일생에 한 번뿐인 신인상도 받았다. 그 외에도 수많은 수상경력과 화려한 선수생활을 추억 속에 묻어야 했다.

은퇴 후 곧바로 의정부시에선 최대 규모의 종합스포츠센터를 오픈했다. 그곳은 고객들이 운동을 하기 위한 시설이지만, 센터장의 입장에선 양질의 서비스로 회원들의 비위를 맞춰야 하는 직장이다.

신나게 필드를 누빌 때 관중들이 응원과 승리를 기원하는 함성에 익숙했던 과거를 역사의 장으로 떠나보내야 한다. 잘 나가던 선수 시절엔 자신의 이름만으로도, 움직이는 기업체였기에 무서울 게 없었다. 그 화려했던 무대에서 내려오면서부터 흡연이 시작된 것은 아닌지…….

팔육 아시안게임과 팔팔 서울 올림픽이 우리나라에서 열렸을 때, 같은 구단 후배 중 일부도 국가대표로 뛰고 있었다. 그 장면을 보던 때의 박탈감은 또 어찌 견디었을까.

특별한 직업을 가진 사람들의 낯가림은 유별났다. 큰사위도 연예인 못지않게 인기를 누렸던 사람이다. 가족끼리 외식을 하다가도 누군가가 자신을 알아보는 순간, 어디론가 사라져 버렸고 그 한 끼를 고스란히 굶는 것이다. 식사가 끝난 다음 한참씩이나 큰사위를 찾아야 했고, 나는 큰사위가 들을세라 혼잣말을 했다.

"조서방은 정말 유별난 사람이네. 가족끼리 밥 먹는 걸 팬들이 보면 안 되는 이유가 뭐야."

내 볼멘소리를 들은 큰딸은 화가 난 목소리로 받아쳤다.

"도박을 하는 사람도 아니고 외도는 큰 죄악인 줄 알아요. 오로지 처자식밖에 모르는 조서방이, 은퇴를 했다고 팬들의 박수와 환호를 어떻게 잊겠어요?"

큰딸은 남편의 낯가림을 나무라지 않았다. 흡연조차 두둔하는 부분도 밉지가 않았고, 친정 엄마 앞에서 남편을 위하는 모습이 오히려 당당해

보였다.

묵은해를 보내고 새해를 맞이하려면 대청소가 필요하다. 고객들이 신다 버린 운동화가 수십 포대씩 쌓이고 그들이 버리거나 놓고 간 운동기구들을 처리함에도 애로가 많다. 그 모든 일들은 고스란히 센터장의 몫이다. 그런 저런 일로 인한 스트레스도 담배로 푸는 건 아니었을까.

큰사위는 초등학교 사 학년 때부터 축구를 시작했다고 들었다. 구단생활을 하기까지 겪어야 했던 고뇌를 가족 모임에서 가끔 털어놓는다. 게임에서 패배하는 날엔 일반인들이 상상도 못 하는 엄중한 벌칙을 받았다. 스포츠맨들이 열거하는 '징크스'라는 것일까. 하필이면 그런 날 큰형으로부터도 이유 같지 않은 이유로 매타작을 당했다고 털어놓았다. 지난날을 상기하며 아팠던 얘기를 처가에서 털어놓는 걸 보면, 제 동기간보다 처가 동기간들이 편안한가 보다.

이곳으로 이사 오기 전엔 일층 아파트에서 살았다. 사위는 처갓집에 올 때는 주차 걱정을 안 해서 좋다고 말했었다. 문만 열고 나가면 담배를 피울 수 있어 만만했다고 토로했었다.

지난 연말에 입주한 아파트는 이십육 층이다. 이곳에선 일 층에 내려가서도 공원벤치에선 담배를 피울 수 없다. 사방에 입주자들의 눈총이 도사리고 있기 때문이다. 고작해야 쓰레기 하치장에서나 담배를 피울 수밖에 없는 큰사위가 안타까웠다. 큰딸은 그런 남편이 안쓰러워 끽연실이 따로 마련 된 자신들의 집으로 돌아가고 싶어 하는 눈치였다. 그런 큰딸의 온당치 않는 남편 사랑이 불만이면서도 한편으론 짠했다.

지혜는 나중이고 미련이 먼저인 나는 담배 값이 인상되기 시작하는 하루 전날에서야 '유일한 흡연자' 큰사위 생각이 떠올랐다. 다섯 보루라도 선물을 해야겠다는 생각에 마음이 급해졌다. 서둘러 인근에 있는 마트로 달려갔다. 상상했던 대로 진열대는 텅 비어있었다. 마트 주인의 얼굴에는 '이 할머니 한국사람 맞아?' 라고 쓰여 있는 것 같았다. 이 세상 어느 마트 주인이 하룻밤만 자면 곱절로 오를 담배를 진열대에 내어 놓겠는가.

내 어리석음은 잊은 채 전매청 직원들에게 욕이라도 퍼붓고 싶었다. 값을 인상하려면 내용물이야 차치하고서라도 겉포장이라도 바꿔서 필요한 날 구입은 하게 해 주던가, 아니면 '금연' 을 할 수 있는 법안 마련부터 해야지, 하루 사이에 담배 값 대폭 인상으로 흡연자들을 겁주는 건 잘못된 정책인 것 같다.

내 금년 소망은 큰사위가 담배를 끊고 골프에 전념하는 일이다. 운동선수들이 운동을 접으면 금세 살이 찌고 성인병에 걸린다는 걸 티브이에서 본 기억이 난다. 무릎관절에도 무리가 가지 않는 그린필드에서 '홀인원' 을 외치는 큰사위의 모습을 그려본다.

"담배 없어요, 아마 다른 마트에도 없을 걸요." 라고 말하던 L마트 젊은 주인! 그의 까칠한 목소리가 아직도 들려오는 듯하다.

2014년 정월에 쓰다.

정신적 유산

당숙 아저씨가 농사지은 성주 사과 맛이 내 입에선 천하일미였다. 한 입을 깨물으니 '아삭' 하고 소리를 냈다. 아삭아삭 씹으니 과즙이 입안에 가득 고였다. 조각난 사과를 혀로 굴려가며 달콤 새콤한 그 맛을 음미하고 싶은데 목구멍이 용납하지 않았다. 식도의 잽싼 흡인력에 의해 어느새 위장 속으로 빠져들었다.

이전에도 현재도 앞으로도 그토록 맛나고 신선한 사과는 맛보지 못할 것 같다. 러시아 여행 때 호텔 조식에서 만났던 사과는 모과를 씹는 듯 단단했고 과도로도 잘 베어지질 않았다. 그때 아저씨가 손수 농사지으신 부사 사과 맛이 간절했다. 핀란드 스웨덴 네덜란드 노르웨이까지 북유럽 크루즈 여행을 했다. 유람선 안에 차려진 밥상엔 산해진미가 가득했다. 상다리가 휘도록 차려진 음식을 먹고, 입가심으로 사과를 찾았지만 눈에 띄지 않았다.

아저씨는 약주를 거나하게 드신 날이면 내게 전화를 하셨다.

“시인인 우리 ※정실鄭室이가 있어 김해 김 씨 가문의 영광이다. 딸이 없는 내게는 글쟁이 정실이가 내 딸이나 진배없는 기라.”

매번 똑같은 말씀이었지만 나름 긴장감을 갖게 되고 숙연해졌었다.

언젠가부터 아저씨한테서 걸려오던 전화가 뚝 끊겼다. 급경사지인 사과밭을 돌보느라 경운기를 이용했는데, 고르지 못한 산길에서 경운기와 함께 추락해 중상을 입으셨다. 뇌수술까지 받았다는 소식도 들었지만 문병 한 번 가지 못했다. 친아들이 셋씩이나 있다는 걸로 죄송함을 덜었고 아저씨만의 끈끈한 가족애도 외면하며 살 수밖에 없었다. 그도 그럴 것이 뇌경색을 앓고 있는 내 남편을 돌보느라 마음대로 집을 떠날 수 없는 입장이었다. 아저씨의 입원과 퇴원 소식을 남편이 입원한 병동에서 들을 때가 많았다. 부부애가 깊은 당숙모의 살뜰한 간병만을 믿었다고 고백해야 맞을 것 같다.

그러기를 십수 년, 며칠 전 아저씨의 부음을 휴대폰으로 받았다. 아저씨의 초상을 알려준 육촌 동생은 고인의 장남이며 전직 경찰관이다. 내 남편과 같은 공직생활을 하면서부터 친동기간처럼 가까이 지냈던 터다.

수원의 연화장이 오성급 호텔이라면 김천시의 화장장은 여인숙 급이다. 얇은 투명 유리 한 장이 가림막의 전부였고 유가족은 그곳 직원의 손놀림을 리얼리티로 보아야만 했다. 습골을 하는 과정이었다. 직원의 노련한 손놀림으로 불순물은 제거됐다. 그가 한 곳으로 모아놓은 이물질이 보였다. 꽤 많은 분량이었다. 그는 무뚝뚝한 목소리로 유가족한테 물었다.

“고인의 몸속에서 나온 쇠붙인데 필요하십니까?”

유가족들은 대답 대신 손사래를 쳤고, 나는 가슴이 철렁 내려앉았다. 저 많은 쇠 조각을 어떻게 몸속에 지니고 살아오신 걸까. 농부로서의 삶의 무게도 만만치 않다. 하물며 저 많은 쇠 조각으로 얽어 붙인 인공뼈의 무게는 또 얼만큼이었을까!

그 순간 내 무릎에 박힌 인공관절의 부피와 무게가 새삼스럽게 궁금해진다. 여름이면 바깥 온도 따라 쇠붙이가 늘어남을 자각한다. 겨울엔 속내의와 두꺼운 바지를 입어도 발자국을 옮기기 힘겨울 정도로 차갑고 무겁다.

아저씨는 살아생전 사과나무를 돌보느라 허리는 휘었지만 골격은 장골이셨다. 상상했던 것보다 유골은 빈약했다. 오랜 세월 환자로 살아오면서 뼛골까지 빠져버린 걸까.

내 아버지의 부지런함도 금메달감이셨지만 당숙 아저씨의 근면 성실함은 아버지를 능가했다. 야산을 계단식으로 개간해 사과농장을 일구었다. 산비탈에 있는 사과농장은 물 빠짐이 좋은 데다 일조건 또한 특출했다. 거기에 허리가 내려앉도록 온몸을 바쳐 사과농사에 몰입하셨으니 어찌 사과 맛이 뛰어나지 않겠는가!

아저씨는 아들 셋을 두었다. 개인사업을 하는 장남과 심리치료사인 둘째 아들과 회사원인 막내아들까지, 아버지를 닮아 성실하고 근면하여 자신의 삶에 최선을 다하고 있다.

삼십 년 전의 일이다. 아저씨는 장남의 결혼에 큰 의미를 두셨다. 혼사에 참석한 조카들한테 귀한 선물도 준비해놓았다. 손수 농사지은 백미 반 가마에 부사 사과 한 상자씩을 차에다 실어주셨다. 축의금보다 많은 선물을 받아 마음의 빚을 졌지만 깊은 가족애를 느낀 감동의 순간이었다. 윗대 조상들을 과수원 인근에다 모시고 무시로 돌보셨다며 축하객들을 산소로 안내했었다. 그토록 가족애가 깊었던 아저씨가 팔십일 세에 도피안에 드셨다. 매우 안타깝고 슬픈 일이다.

이젠 아저씨가 농사지은 사과 맛을 어디에서도 볼 수 없다. 아저씨의 따뜻한 가족애도 더 이상 느낄 수 없다. 막걸리에 취해 거나한 목소리로 들려주셨던 "정실이가 최고다."라는 말씀도 들을 수가 없다. 태양열에 붉게 물든 달콤새콤하고 육즙이 풍부했던 사과 맛을 가슴깊이 새겨 정신적 유산으로 삼아야겠다.

아저씨의 몸에서 나온 쇠 조각은 모진 풍파를 온몸으로 막아낸 흔적이며 생존가치의 소장품이었다는 생각이 들었다. 그 쇠붙이의 무게는 아저씨의 버팀목이었으며, 아내를 거느린 가장의 능력이었고 후손들에겐 또 하나의 정신적 지주가 될 것이라 믿는다.

사랑하는 지아비를 떠나보낸 당숙모도 나처럼 홀로 살아가셔야 한다. 고향에서 정든 이웃들과 친척들과 함께 하실 수 있어 다행이다.

'나 홀로 산다' 고 부르짖는 여자 노인들이 유난히 많은 세상이다. 아주머니의 남은 삶에 건강과 홍복이 충만하시기를 빌어본다.

아저씨가 오르내리며 과수원 곳곳에 남긴 발자국은 영원히 지워지지 않으리라. 스스로 개척해서 일군 과수원 양지바른 곳에 고인의 혼백도 묻히셨다. 온갖 시름과 모진 아픔 다 잊으시고 하늘에선 편히 쉬시기를 기도한다.

※정실鄭室: 정 씨 댁으로 시집간 딸에게 친정에서 붙여주는 택호다.

밤에는 나폴리 낮에는 압구정

이천십삼 년의 끝자락이었다. 광교신도시 아파트에 입주한 엄마를 찾아온 아들이 처음으로 했던 말이다.

"밤에는 나폴리, 낮에는 압구정!"

첫 번 당첨자가 버린 이천 육백 사호, 나 또한 너무 높은 층이라 예비당첨 백십일 번을 받았을 땐 염두에도 두지 않았던 초고층 사 호다.

부동산업을 했던 외사촌 올케는 내게 이런 말을 했다.

"형님이 광교에 있는 아파트에 재당첨으로 입주를 한다면 내 손에 장을 지질게요. 그곳은 어마어마한 신도시가 들어설 곳입니다."

한술 더 떠 예비당첨자한테는 절대로 돌아갈 리가 없다며 겁을 주기까지 했다.

처음 입주자 모집 신청할 때는 청약부금 액수도 적은데다 동반가족도 없는 독거노인인지라 기대를 하지 않았다. 사람은 일생에 세 번 대운이 든다고 혹자들은 말한다. 내게 마지막 남은 대운이 있었던 걸까.

어느 날 건설회사에서 공문이 날아왔고, 동과 호수를 선택 할수 있는 기회가 선물처럼 도래한 것이다. 올케의 손에 장을 지지도 않아도 된다. 그런 약속은 깨어질수록 좋은 일이기에.

건설업체에서 보내온 재당첨자 모집 공문엔, 전망은 물론 층이나 호수號數가 좋지 않은 못난이 집들만 남아있었다. 동향인 일 호 라인이나 서남향이면서도 한국 사람이 가장 꺼려하는 숫자 사 호가 주를 이루고 있었다. 나는 사 호 라인에다 희망을 걸었다. 집을 사서 살게 해 달라고 천지신명께 기도도 올렸다. 어쩌면 내 생애 마지막 집이 될지도 모른다는 신념하에 열심히 골랐다. 우선 저층을 배제했다. 먼저 번 살던 집이 일층인데다 이십 층 앞 동이 가려서 뜨는 해가 잠시 머물렀다. 또 석양은 옆 산에 가렸다. 집안은 늘 춥고 어두웠다. 햇빛을 못 본 화초는 성장을 멈추어 꽃구경을 할 수조차 없었다.

인근에 영동고속도로가 지나고 있어 문을 열면 소음이 있을 것 같다. 다행히 앞 동이 없으니 일조권에다 우선 순위를 두었다. 사천이 동 천사백사 호에 일단 동그라미를 쳤다.

재당첨자들의 추첨이 시작되는 날이다. 살을 에는 혹한을 무릅쓰고 집을 나섰다. 이번이 아니면 내겐 더 이상 집을 마련할 기회도 없을 것이라는 각오도 했다. 수원에 있는 주택전시관에 당도해보니 수많은 사람들이 북적거리고 있었다. 올케의 말대로 내게까지 돌아 올 집이 없겠다는 생각도 들었다. '관세음보살님, 마애 부처님, 지장보살' 을 열심히 성호하면서 순서를 기다렸다. 백구 번까지는 내가 선택한 집을 뽑지 않았다. 천만다행이다. 이제 백십 번 단 한 명만 찍지 않으면 그 집은 내 집이 될 것이다. 합장한 손에 자신도 모르게 힘이 들어가던 순간이다.

"예비후보 백십 번은 사천이 동 천사백 사호 당첨입니다."

건설회사 직원의 발표가 저승사자의 호령 같았고 다리에 힘이 빠졌다.

혹시나 해서 두 번째로 찍어 둔 이천육백사 호는 초고층이다. 중국 '원가계' 있는 남근바위에 얹힌 구름 속이거나 공중 부양된 부표 같을 것이라는 느낌이 들었다. 내 손으로 찍어 당첨이 되었는데도 적잖이 아쉬움이 남았었다.

어느새 완공이 되어 입주자 '사전점검'을 하던 날이었다. 처음으로 현관문을 열고 새집에 들어서는 순간 셋째딸과 나는 동시에 탄성을 질렀다. 우리 모녀는 누가 먼저랄 것도 없이 부둥켜안았다. 마치 어린아이가 갖고 싶어 하던 장난감을 얻었을 때처럼 폴짝폴짝 뛰면서 감동의 눈물을 줄줄 흘렸다. 남쪽으로 난 거실 통 창을 통해 시야에 들어오는 전망은 천하 일경이었다. 우측 대각선으로 오만사 천 평이나 되는 신대천 호수와 야산이 시원하게 집안으로 들어와 앉았다. 그 호수엔 섬이 세 개가 동동 떠있고, 호수주변엔 산책로를 설치해 물 위를 걷도록 시설해놓았다. 그뿐이랴! 풍수지리학자들이 일컫는 배산임수背山臨水의 조건을 모두 갖추었으니 명당이다. 아파트 뒤편엔 야산이 있고 가족공원에 육모정六募亭도 지어져 있다.

밤이 되자 아들은 거실 등을 끄고 소파에 앉아 호수를 바라보았다. 나도 아들과 같은 방향에 시선을 두었다. 호수위엔 호수를 에워싼 아파트와 상가에서 새어 나온 찬연한 불빛이 번졌다. 남쪽으로 오고 가는 자동차들의 헤드라이트가 줄을 이으니 저절로 나폴리가 떠올랐나 보다. 영동고속도로 위를 힘차게 달리는 자동차들의 활기찬 모습을 보고, 압구정을 떠올린 아들이 한 말이 청산유수青山流水였다. 며느리도 한몫 거들었다.

"안방에서 보면 콘도고, 건넌방에서 보면 호텔이고, 거실에서 보면 리조트예요!"

칠십 대가 되면 시간의 속도도 칠십 킬로로 달려간다고 혹자들은 말한다. 이 집에 입주한 지 어언 육 년째 접어들었고 내 나이 칠십대 초반이 되었다. 처음엔 광교가 어딘지도 모르고 아들의 권유로 분양신청을 했다. 입주금은 셋째딸 내외의 도움을 받았다. 광교신도시에는 경기도청이 지어지고 최고급 아파트 컨벤션센터 법조타운까지 건설 중이다.

신분당선이 개통되면서 강남까지 가는데 삼십 분밖에 걸리지 않아 교통편도 좋아졌다. 입지조건이 좋아지면서 아파트 값도 급상승했다. 엄마를 편히 살게 해 주려고 자녀들이 마련해 준 집이다. 그런데도 집값이 오르고 입지조건이 좋아지니 기분도 상승되어 사는 재미를 느낀다.

이 집에서 자녀들의 방문을 기다리며 화초를 가꾸고 글을 쓰며 여분의 행복을 누리고 싶다. 가끔 들리는 막내사위는 거실에서 호수를 바라보며 말한다.

"장모님, 이 집에서 오래오래 사세요. 건강 잘 지키시고요. 장모님이 안 계셔도 지금 이 상태로 우리 사 남매의 별장으로 활용하겠습니다."

막내사위의 그 한 마디에 지난날들이 주마등처럼 스쳐간다. 좁은 아파트에 여섯 식솔이 살자니 늘 복작거렸다. 단 한 평이라도 집을 늘려보겠다고 서른 번이 넘게 이삿짐을 꾸려야 했다. 그 모든 고통에서 벗어나 지상천국에서 머물고 있는 이 시간이 조금 느리게 가면 좋겠다.

호수는 언제나 조용한 것 같지만 바람이 몹시 부는 날엔 심한 몸부림을 친다. 바람이 잔잔하여 고요한 날엔 호수의 얼굴에도 평화가 깃든다. 맑고 순한 호수와 담소하며 구름다리를 걸으며 시어詩語를 찾고 싶다.

아들이 처음 엄마의 집 거실에 앉아했던 말을 가택명家宅名으로 지어보면 어떨까. 자녀들과 상의를 해봐야겠다.

"밤에는 나폴리 낮에는 압구정"

졸업장 없는 졸업식

방산중학교 졸업식장에 들어서니 매서운 바깥 날씨와는 사뭇 다르게 후끈함이 느껴진다. '중학교 졸업장' 은 질풍노도의 혼란기를 무사히 치른 뒤에 받는 훈장과도 같다. 셋째딸의 고명딸이자 내 외손녀의 졸업식장은 대만원이다. 학부모와 친척들과 축하객들, 저마다의 손에 들린 꽃다발이 환희의 물결로 출렁인다.

천구백육십삼 년 이월 십이 일, 신광여중 졸업식장은 오늘 이 자리와는 사뭇 달랐다. 주야간을 합쳐 이천 명이 넘는 졸업생에다 축하객들까지 합쳐져, 졸업식장은 그야말로 인산인해였다. 영하 십사 도의 혹한에 나는 코트도 입지 않은 채 졸업식장에 왔다. 아버지는 아침밥상머리에서 내게 뼈 속에 '콕' 박히는 말을 뱉었다.

"오늘 네 졸업식에 아무도 참석하지 않겠다."

그 한 마디 속에는 내게 내려진 엄벌이 함축돼 있다. 조강지처가 낳은 장남은 어제 치른 용산중학교 졸업식에서, 졸업생 대표로 우등상을 탔다. 재력가인 자신의 위상을 세워준 장남이 자랑스러웠을 것이다. 바깥에서 낳아온 딸은 한 달이나 무단가출을 해 자신의 속을 썩였다. 공원들이나 외판원들한테 자신의 위상을 추락시켰다는 건 용서할 수 없는 부분일 것이다. 아버지는 자신을 배반하고 무단가출한 딸에게 엄한 벌칙으로, 중학교 마지막 학기 등록금을 내 주지 않았다. 그 일로 딸이 졸업장을 못 받는 걸 알고, 그 꼴을 볼 수 없어 졸업식장에 나타나지 않으려는 심산일 것이다.

오공－육공시절 아버지의 별명은 '마포 호랑이 감천당 김 사장' 이었다. 울고 보채던 아이한테 "호랑이 김사장 저기 온다."고 하면 "뚝"그쳤다는 전설로 통했다. 그 시절의 '갑부', 현재의 '재벌' 이었다. 아버지는 자신의 아성에 함부로 도전하는 사람은, 누구라도 용서하지 않았고 자신의 말 한 마디가 곧 법이었다.

할아버지의 손자 교육은 남달랐다. 네 살 먹은 장손에게 '동몽선습童蒙先習 · 천자문千字文 · 사서삼경四書三經' 으로 한학을 가르치기 시작했다. 팔 년 후에 태어난 둘째 손자한테도 똑 같은 방식으로 공부를 시켰다. 그 얘기는 같은 방을 사용하던 할머니를 통해 귀에 못이 박히도록 들었다. 나는 유년시절부터 한문교육을 받아온 오빠와 남동생과는 성장과정부터 달랐다. 여름엔 더위를 피해 영호강에서 다이빙을 했다. 집 앞 개울에서 맨손으로 미꾸라지를 잡았다. 해질 무렵이면 동네 총각들이 영호강에 수류탄을 터트린다. 굉음과 함께 하얗게 떠오르는 송어를 조리로 건져 올렸다. 초등학교 여학생이 할 수 있는 행동이 아니었다. 선머슴아들이나 하는 행동을 하며 성장했다. 겨울에는 동네 친구들과 구멍가게 골방에 모여앉아, 뻥튀기 내기 민화투를 쳤다. 생모生母슬하에서 거칠게 살다가, 중학교에 입학할 때서야 서울 생부生父를 찾은 것이다.

학문에 뿌리를 둔 환경에서 성장한 오빠와 남동생과 그렇지 못한 내가 아버지로부터 비교당할 때마다 어디론가 도망치고 싶었다. 학교공부는 뒷전이고, 공상에 사로잡혀 학생의 신분을 망각하기가 일쑤였다. 그 때마다 계속되는 아버지의 꾸지람은 내 가슴에 비수로 하나 둘 꽂히기 시작했다. 아버지의 그늘에서, 할머니와 같은 방에서 그 집 울타리에서 벗어나는 게 내겐 꿈이자 목표였다.

엄마가 그리울 땐 속울음을 울었고, 어쩌다 그런 딸을 보신 아버지는 이런 말을 했다.

"여자의 호적은 인생의 전부다. 너는 서자庶子인데도 나의 호적에 당당하게 장녀로 올라있다. 호적도 없이 살아가는 가엾은 서족庶族들이 얼마나 많은지 알기나 하냐?"

그 때부터 공부는 뒷전이고 나의 방황은 시작됐다. 영화배우 김진규, 조미령 씨의 집을 찾아다니며 소망을 적은 편지를 대문에다 밀어 넣었다. "나도 배우가 되어서 돈을 벌고 불쌍한 어머니를 모시고 이름도 날리고 싶다."는 내용이었다. 돌이켜 생각하면 무모하고 수치스런 행동이었기에, 혼자 있을 때 그 시절이 떠오르면 쓴웃음을 짓는다.

중학교 삼학년 마지막 학기에 과감히 집을 나왔다. 아현동 꼭대기에 있는 같은 반 친구 수자네 구멍가게에서 기거를 하게 됐다. 그 집은 다섯 자매를 둔 딸 부잣집이었다. 통일미로 지은 밥에, 버터와 진간장으로 비벼서 먹었던 밥이 세상에서 최고로 맛있었다. 아키바레 쌀밥에 소고기 장졸임 고등어구이 각종나물 육개장이 오르는 우리 집 밥상이 전혀 그립지 않았다.

여름 한철 우리 집은 굉음으로 머리가 지끈거렸다. 아이스케이크를 얼리는 기계소리, 아이스케이크를 뽑느라 달그락거리는 결빙관소리, 스물

네 시간 흐르는 물소리는 심신을 괴롭혔다. 불면의 밤을 보내던 우리 집보다 수자네 집이 훨씬 평화로웠다. 한 달 동안 내가 그 집에 머무른 대가로 아버지는 꽤 비싼 하숙비를 지불했다고 들었다. 나는 졸업식장에서 앨범도 졸업장도 받지 못한 채 빈손으로 나왔다. 효창공원 넘어 마포나루로 향했다. 강물은 꽁꽁 얼어붙었고 공동빨래터 드럼통은 여기저기 뒹굴었다. 세우 젓을 나르던 황포돛단배도 강물에 갇혀버렸다. 내가 들어가고 싶었던 물구멍은 어디에도 보이지 않았다.

사업가인 막내사위는 뒤늦게 도착했다. 꽤 먼 거리에 앉은 딸아이의 모습을 가까이 보려고 까치발을 뗀다. 고개를 길게 빼고 딸을 바라보며 웃어주는 아빠와, 앉은 자리에서 몸을 뒤로 틀고 아빠한테 손을 흔드는 딸의 모습은 아름다운 가족애로 내 가슴에 아로새겨졌다.

나의 중학교 졸업식과 외손녀의 중학교 졸업식이 비교되는 순간이었다. 나도 모르게 뜨거운 눈물이 주르르 흘러내렸다.

손녀와 같은 반 친구들의 장끼자랑이 시작됐다. 율동을 곁들인 합창소리는 석별의 정을 나누는 '졸업식'이라는 단어가 무색했다. 고교진학의 포부를 담은 가사에 경쾌한 반주가 어우러지니 축제의 현장이었다. 담임선생님과 제자간의 포옹이 이어진다. 또 교장선생님이 일일이 졸업생들에게 졸업장을 수여하는 장면도 일품이었다. 대견스럽고 자랑스러운 외손녀의 얼굴에 미소가 떠나질 않는다. 춥고 가슴 아프고 처절했던 내 중학교 졸업식이 뇌리에서 서서히 멀어져 간다.

어변성룡도

어변성룡도魚變成龍圖

한 쌍의 잉어가 잠든 호수를 찢고 하늘로 튀어 오르니 물거품은 나팔 모양으로 양쪽 허공을 가른다. 칼날 같은 지느러미와 황금빛 비늘은 칠흑 같은 밤하늘에 섬광을 발산한다. 눈동자가 선명한 한 쌍의 잉어가 스며든 곳은 백두산 천지연의 웅장함이 아니고, 시원스럽게 쏟아져 내리는 제주의 정방폭포도 아니다. '어변성룡도' 한 폭의 그림 속이다.

지금까지 없었던 얘기를 소설에 담고 향기로운 소재로 수필을 쓰고 해맑고 아름다운 시어를 찾는 일도 만만찮은 작업임이 틀림없다. 불혹에서 천리인 지금까지 문학을 한답시고 컴퓨터에 붙어 앉아 긴 시간을 보내는 게 나의 일과였다. 어느 날 문득 새로운 일탈을 발견했다. 그 일은 '민화그리기' 다.

내가 그린 민화의 처녀작은 '목단' 이다. 어머니가 가장 좋아하셨던 꽃도 목단이었다. 그 꽃을 좋아하신 이유를 한 번도 들은 적은 없다. 단지 애절한 부탁을 어기지 못해 목단 묘목을 찾아 종로 오가를 누볐을 뿐, 묘목은 이미 동이 났고 수많은 인파들 속에서 부딪히며 거리를 헤매는 게 귀찮았다. 유월의 무더위에 지쳐 어머니를 향해 심하게 짜증을 부렸던 순간이 떠오를 때면, 자신도 모르게 눈물이 양 볼을 타고 흘러내린다.

두 번째 그린 작품은 연꽃이다. 복사 본만 보고 혼자 그리다가 실패했다. 첫 번 그림은 선생님과 동인들한테 극찬을 받았고 전시회에도 걸렸다. 만용을 부리다가 연꽃 그림을 실패하고는 민화를 접으려 했었다. 첫 번 그림은 내게 용기를 주려고 했던 말인데 나 혼자 오판한 것 같아 부끄럽기 짝이 없다. 돌이켜 생각하니 이 세상 쉬운 건 아무것도 없었다.

삼십 대 중반에 꽃꽂이를 배웠다. 취미로 배운 꽃꽂이로 하여금 가정사에 어려움이 닥쳤을 때 수익을 창출했었고, 지금도 꽃 주문이 들어오면 사양하지 않는다. 사십 대 후반에 문학공부를 시작했다. 그 때마다 시작은 초보였고 처음은 늘 미흡했다. 처음으로 도전한 일에 관성처럼 따르는 실패를 인정하고 인내하면서, 재도전을 하고서야 어느 정도의 깨달음을 얻었다.

민화는 선으로 시작해서 바림이라는 단계를 거쳐 다시금 선으로 매듭짓는다. 맨 처음으론 밑그림을 깔고 그 위에 옻종이를 덮고 붓으로 본을 딴다. 색 입히기 일차 작업으론 조연급인 나무 잎사귀부터 시작한다. 나뭇잎을 바림을 하다가 실수를 하면 고치기가 쉽다. 주인공인 꽃이나 섬세함을 요구하는 공작새나 나비를 뒤로 미루는 일은, 충분한 연습을 거친 다음이라야 실패할 확률이 적기 때문이다.

나뭇잎 색깔은 옅은 잎 걸러 짙은 색을 발라서 명암을 표현한다. 목단꽃 안쪽에 진분홍을 올리고 바림 붓으로 펴 바르니 탐스런 꽃송이가 탄생한다. 처음으로 그려낸 나만의 꽃이다. 신비롭고 귀하고 사랑스럽다. 감히 내가 민화를 그리다니……!

사군자를 치는 초등학교 동창생 집을 방문했을 때였다. 친구는 내게 자신의 홍매화 그림을 선물로 주었고 귀하게 여겨 고급 액자에 담아 거실에다 걸었다. 어느 날 내 집을 방문한 화가 친구는 그 그림을 보고 치우라고 말했다. 작품의 완결은 낙관인데 작가의 낙관이 없음을 지적했다. 액자에 들인 돈이 아까웠지만 그림에 조예가 없다고 나를 무시한 것 같아 그림을 없애버렸다. '그림의 완성은 낙관 찍기' 라는 것도, 그 낙관을 실수 없이 깔끔하게 찍어야 마무리가 된다는 것도 수업시간에 배웠다.

민화를 시작한 지 어느새 일 년 삼 개월이 되었다 내 손으로 일곱 작품의 민화를 완성했다는 걸 극락에 계신 부모님께 고하고 싶다.

최근 출판계 트렌트는 간지마다 그림을 삽입하는 일이다. 단락이 바뀌거나 강조하고 싶은 작품을 돋보이게 하려는 뜻이 들어있다. 글씨만 읽느라 피로해진 시신경을 잠시 쉬어가게 하는 계기도 되고, 복잡한 머릿속을 정화시키는 차원에서 발굴해낸 방법이기도 할 것이다.

표지 그림은 '책가도' 를 넣기로 결정했다. 서가에 쌓인 책과 붓과 책장과 문갑을 표현한 그림이다.

가족 이야기엔 복사꽃을 넣기로 했다. 백이십 개를 헤아리고 포기해버릴 정도로 잎사귀가 많은 복숭아 그림이다. 복숭아는 처녀의 볼을 상징하고 건강과 자손 창성의 뜻도 들어있다.

효녀심청을 방불케 하는 셋째 딸의 태몽도 복숭아였다.

— 남편과 함께 소사에 있는 복숭아밭에 놀러 갔다. 남편은 즐비하게 떨어진 복숭아를 한아름 주워왔다. 주인한테 들키기 전에 먹어치우자는 것이다. 나는 남편이 주워온 시든 복숭아를 모두 버리고, 싱싱한 복숭아가 매달린 가지를 뚝뚝 꺾어서 품에다 안았다. 기왕에 훔쳐 먹는 것 좋은 걸로 먹자며 남편을 설득했다.

그 꿈을 꾼 지 열 달 만에 셋째 딸이 태어났다. 그 딸은 소녀 가장 역할을 하며 처녀시절을 보냈다. '미스 해태' 광고모델로 뽑힐 정도로 미색을 지닌 것도 복숭아 태몽 덕분이었으리라.

네 번째로 그린 '파랑새' 그림은 지인들과 친구들의 얘기 속에 넣고 싶다. 만나면 쌓인 이야기보따리를 풀어놓느라 시간 가는 줄 모르는 지인들과, 소녀 시절로 돌아가 종알종알 지껄이는 고향 친구들을 닮아있는 것 같아서다.

백목련은 내 순결했던 첫사랑 이야기에 붙이고 싶다. 그 순정은 세상 그 무엇에도 물들지 않은 하얀색으로 현재 진행 중이다.

양귀비 두 포기는 글로 맺어진 문우지정으로 쓰고 싶다. 작가들 모두는 각자의 이름을 걸고 빼어난 작품을 쓰기 위해 부단히 노력한다. 그 결실로 청초하고 아름다운 양귀비가 썩 잘 어울릴 것 같다.

어변성룡도는 내 사랑하는 아들에게 바치고 싶다. 의대 예과 이 년을 거쳐 의학부 사 년 동안 시체해부실습과 엄청난 분량의 의학전서들을 두루 섭렵한 수재! 공중보건의 사 년과 인턴과정 이 년, 레지던트 사 년 도합 십육 년을 공부하고 비뇨기과 전문의 반열에 올랐다.

어변성룡도를 '의사자격증' 옆에 걸어주고 싶다. 한 쌍의 잉어가 하늘을 향해 승천하는 그림의 기를 받아 아들의 의술로 치료받은 환자들이 명쾌하게 치유되기를 바라는 마음도 그 속에 들어 있다.

지난해 여름부터 수필집 출간을 준비하고 있다. 뒤늦게 민화를 시작하는 바람에 황금돼지해로 미뤘다. 자신이 돼지띠니 오히려 잘된 일이라 생각한다.

해마다 유월에 진행되는 계간문예 문학기행을 금년에도 떠난다. 유럽 쪽은 대충 돌았다. 중앙유럽에서 동유럽 서유럽 북유럽까지.

금년엔 이탈리아와 로마와 그리스가 여행지로 잡혀 있다. 문화의 도시 피렌체에서 유행의 첨단을 경험하고, 가톨릭의 왕국 로마에서 성인들의 철학도 느끼고 싶다. 신들의 천국 그리스에서 술의 신 '박카스'와 잠들지 않는 바람의 신 '아이올로스' 사랑의 여신 '아프로디테'도 만나고 싶다.

지금까지 돌아본 수십 개 국에서 세기적 영웅들의 기록과 명필가와 화가들의 흔적을 만났다. 이제 그리스 로마 신화 속에 열거된 신전을 직접 만날 차례다. 거기에서 얻은 세계관과 지식을 바탕으로 영감을 얻어 기행문을 작성해야겠다. 돼지띠인 내가 황금돼지의 해 생일에 수필집을 출간할 것을 생각하면 벌써부터 가슴이 두근거린다.

민화를 그리다 실수로 흘린 물감은 맹물로 지울 수 있다. 그림 속에 스며든 작가의 혼은 그 무엇으로도 지울 수 없다.

대박 꿈

나는 우거진 갈대와 엉킨 잡초 속을 벗어나려고 안간힘을 쓰고 있었다. 수렁에 발이 빠져가며 겨우 찾아낸 길은 가파른 언덕이었다. 설상가상 이번엔 둥글게 감긴 철조망이 앞을 가로막았다. 등 뒤를 보니 까마득한 절벽이다. 땅바닥에 퍼질고 앉아 목 놓아 울고 있을 때, 뜬금없이 나타난 중년 남자가 철조망을 걷어주었다. 딱 내 몸 하나 지나갈 수 있는 폭이다. 남자는 일만 원짜리 지폐 한 장을 내 손에 쥐어주며 말했다.

"길을 잘못 든 것 같소!
해 지기 전에 저편 간이역에서 열차를 타고 목적지로 가시오."

나는 마흔여덟의 나이에 회룡역 인근에, 지하 일층 지상 오층 건평 일백오십칠 평짜리 상가주택 한 동을 준공했다. 오랜 세월 소망하던 건물주의 꿈을 이루고도 전혀 기쁘질 않았다. 대지 매입은 남편의 퇴직금으로 충당했고, 건축비 일부는 살던 아파트를 처분한 돈이다. 그러고도 건축비 일부가 은행 빚이었기 때문이다.

천구백구십이 년, "닭의 목을 비틀어도 새벽은 온다." 는 어록을 남긴 K대통령은, 정권을 잡자마자 부동산 정책부터 발표했다. "부동산 투기로 돈을 번 사람을 고통스럽게 만들겠다."고 매스컴을 통해 밝혔다. 그 법의 요점은 '매매 전 신고, 신고 후 매매' 다. 사회주의 국가에서나 있음직한 국법으로 인해, 전국의 부동산 거래는 거의 중단상태로 돌입했다. 매매가 부진하니 우리 상가에 세입자도 들지 않았다. 남편은 나의 간곡한 만류를 뿌리치고, 우리 건물을 지은 건축업자의 빚보증까지 서고 말았다. 내가 지은 상가주택은 불과 5년 만에 철골 시멘트 감옥이 돼버렸다. 눈물은 사치였고 대인기피증에 걸렸고 억장이 무너졌고 길바닥으로 나앉는 처절함을 경험했다.

엎친데 덮친다 했던가! 둘째 딸이 서른일곱 살 아까운 나이에 지병을 얻어 생을 접었다. 그때부터 다니던 절에 발길을 끊었다. 십 년 넘도록 정월이면 들렀던 공릉동 철학관에도 가지 않았다. 내 기도가 부족해 딸아이를 지켜주지 못한 것 같아 죄스러웠다. 절에 가서 기복祈福불공을 드리거나 철학관에 가서 미래를 알려고 했던 일들 모두가 부질없다고 느껴졌다. 딸아이의 빈자리를 해외결연 입양아로 채웠다. 과테말라에 살고 있는 '데이비드 알레한드로' , 그 아이를 돕는 걸로 자신을 달랬다.

폭염이 기승을 부리던 날 우연히 철학관 앞을 지나치게 됐고, 나도 모르게 벨을 눌렀다. 이 선생은 해마다 오던 사람이 몇 해 째 오질 않아 궁금했다며 반색을 했다. 그러면서 묻지도 않은 말을 꺼냈다.

"금년엔 손님 손에 문서 하나가 잡히겠는데요. 그 문서는 세상을 떠나는 날까지 꼭 움켜쥐고 계세요. 대박입니다!"

나는 상가주택에서 쫓겨난 후 전국에서 가장 집세가 헐한 영구임대아파트에 살고 있었다. 칠순을 바라보는 나이라 일자리도 없었다. 집에 대한 모든 걸 체념한 신세였다.

"대박 날 햅니다. 대박!" 낮에 이 선생이 힘주어 했던 말이 귓전에 맴돌아 잠을 이룰 수가 없었다. 침대에서 한참을 뒤척이는데 '혹시나' 하는 요행심이 발동했다. 컴퓨터를 열고 부동산에 대한 정보를 자세히 검색했다. 광교신도시 LH아파트 분양공고가 떠 있었다. 때마침 추석을 맞아 자녀들이 모두 모였다. 아파트 건에 대해 상의를 했다. 내가 입주해 살다가 세상을 등지면, 사 남매 공동명의로 상속하자는 요지다. 큰딸 부부는 경제적 여유가 없다며 포기를 선언했다. 셋째 딸은 잠자코 있었고 사위는 고개를 가로저었다. 누나들이 하는 말을 다 듣고 난 뒤 우리 집 가장인 아들이 나섰다.

"엄마는 임대아파트에 계시는데, 우린들 다리 펴고 편한 잠잤겠어요! 내일이 마감이라면서요? 오전 중에 신청하세요."

경찰관이던 남편이 출근길에 쓰러졌다. 그때 나이가 오십일 세였다. 경찰병원에서 '뇌경색' 진단을 받은 지 이십 년 만에 세상을 등졌다. 남편의 제사를 지낼 때마다 온 가족이 모인다. 좁은 거실에 제사상을 차리면 제주인 아들 내외가 설 수 있는 공간뿐이다. 여섯 명의 손주들을 밖으로 내몰 수밖에 없었다. 나는 그때마다 자신의 무능함에 가슴을 쳤다.

우리 집 형편을 누구보다 잘 알고 있는 이 선생이다. 그날 땀에 젖어 후줄근한 모습으로 불쑥 들어선 내 모습이 안타까웠던 걸까? 채 소파에 앉기도 전에 "대박이다." 며 격려차 했던 말이 현실이 된 것 같다.

이 집에 입주한 지 벌써 5년 차다. 남편의 제삿날이면 정갈한 음식을 올리고, 제사를 마치면 그 음식으로 온 가족이 둘러앉아 음복한다. 나는 그 모습을 뿌듯하게 바라보면서 속울음을 운다. 고인이 된 남편과 둘째 딸이 한없이 그리워서다.

서남향인 내 집은 넓고 양지바르다. 햇볕을 자양분으로 갖가지 화초가 무시로 꽃을 피우니 집안에 향기가 가득하다. 정오의 햇살을 받은 광교 호수가 황금물결로 찰랑거린다. 그 기를 받아 내 몸엔 생기가 돈는다.

아들은 칠순의 엄마에게 유언장을 미리 준비해 두라고 부탁했다. 의사인 아들의 냉철함이 폐부에 와 닿는다. 아들은 말을 이었다.

"아파트 분양금을 내어준 셋째 누나한테 이 집을 상속해 주세요."

셋째 사위는 제 처남의 말을 듣고 환한 얼굴로 화답한다.

"이 집은 장모님을 편히 모시기 위해 우리가 마련한 특별한 선물입니다. 쓰고 싶은 글 쓰시면서 오래오래 사세요. 장모님의 문학관으로 길이 보존하겠습니다!"

이천십 년 오월 보름, 남편의 세 번째 제삿날이었다.

그날 밤 꿈속에서 철조망을 걷어주던 남자,
내 손에 일만 원짜리 지폐 한 장을 쥐어주며,
해지기 전에 목적지로 가라고 했던 남자가
혹여 남편이 아니었을까?

신라 토기

길고 긴 이번 추석 연휴에는 유난히 TV프로가 빈약했다. 특집프로는 고사하고, 가족드라마 한 편도 없이 재판再版영화들이 화면을 차지했다. 어제는 하루에 국내 영화 세 편을 보았다. 그중 처음부터 끝까지 본 영화는 '부산행' 뿐이다.

1970년 이맘때쯤이다. 첫아이를 임신한 만삭의 몸으로, 추석을 맞아 경남 거창에 계신 생모生母댁을 찾아갔다. 여차한 가정사로, 고명딸의 결혼식에도 참석치 못하신 어머니를 뵈러 간 것이다. 어머니와 상봉은 뒷전이고, 친히 지내던 외사촌들과 재회에 젖어 시간 가는 줄 몰랐다. 그중에서도 작은 외삼촌의 둘째 아들과는, 두 살 차이기도 했지만 유난히 얘기가 잘 통했다. 이런저런 얘기 끝에 동생은 내게 보여줄 게 있다며, 토기 항아리 하나를 병풍 뒤에서 꺼내왔다. 지름이 사십 센티에, 둘레가 네 뼘 정도로 목선이 매우 아름다웠다. 볼록한 배를 내밀고 있어, 임신

팔 개월인 나의 배와도 닮아 있었다. 동생은 역사공부에 심취한 나머지 토기에 꽂혀, 어느 순간 분묘를 도굴하는 사람들 틈에 끼었다고 말했다. 또 법의 심판까지 받은 적이 있었다며, 딴에는 자랑스럽게 말하던 동생이었다.

동생은 뜬금없이 내게 토기를 팔아달라고 부탁했다. 나는 말단 경찰관 아내로, 토기를 살 만한 사람들을 알지 못했다. 동생은 토기를 집에 두었다가, 언제 경찰관한테 가택수색을 당할지 모른다며 나를 졸랐다. 차라리 경찰관인 자형 댁에다 맡기는 게 안전하다며, 굳이 내 손에 들려주었다.

어머니는 토기를 받아 온 나를 마뜩잖게 생각하셨다. 옛날 물건엔 귀신이 붙어, 집안에 흉한 일이 일어날지 모른다며 갖고 가지 말 것을 종용하셨다. 동생의 뜻을 거절하지 못한 것보다는 그 값어치가 궁금했다. 토기를 팔면 내게 고물이라도 떨어질 것 같았다. 내심 여의치 않은 가정사에 조금이라도 도움이 될 것 아닌가 하는 기대심도 없지 않았다. 어머니가 싸주신 참깨를 토기에 담아 소중하게 보따리를 쌌다.

충남 홍성에다 신접 살림을 차린 나는 천안에서 열차를 갈아타야 했다. 경상도에서 충청도를 가려면 하루가 꼬박 걸리던 시절이었다. 지친 몸을 열차에 싣고 잠을 청했다. 갑자기 "찌~이익"하는 소리가 들리더니 무언가에 부딪히는 굉음이 들렸다. 열차가 진행 방향 오른쪽으로 기울어지더니 급정거를 했다. 깜짝 놀라 차창 밖을 보니 경서중학교 교모校帽가, 유리 파편과 함께 선로와 논바닥에 쫙 깔렸다. 위급한 상황임을 직감했다. 장항선 열차가 모산 건널목을 지나다가, 아산 현충사로 수학여행을 가던 버스와 충돌한 것이다.

한복을 입은 데다 만삭인 배로, 역사驛舍가 아닌 벌판에서 하차를 하자니 고생이 막심했다. 주위 사람들의 도움을 받아 논바닥에 내려서서 국도를 보았다. 버스 한 대가 이미 화염에 휩싸였다. 차 안에서는 탈출구를 찾느라 학생들이 우왕좌왕하고 있었다. 그 비통한 모습은 영화의 한 장면이기를 빌었지만, 눈앞에서 벌어지고 있는 현실이었다. 뱃속의 아기가 걱정되어 미칠 것 같았다. 내 아기가 저 화마의 아귀에서 싸우고 있는 학생들을 볼까봐, 치마폭으로 싸고 또 싸면서 목 놓아 울었다.

그 와중에도 토기 생각이 났다. 어머니께서 "옛날 물건에는 귀신이 붙었다."라고 하신 말씀을 흘려들은 걸 뼈저리게 후회했다.

토기를 버리기로 마음먹었다. 막상 버리려고 하니 어디다 어떻게 버려야 할지 난감했다. 열차 진행 방향 오른편엔 사람들이 많았는데, 왼편엔 아무도 없었다. 눈여겨보니 빗물 배수구가 있었다. 참깨는 보자기에 옮겨 담고, 토기를 배수구에 숨겼다. 애써 가져온 걸 그냥 버리기엔 아까운 마음이 들었다. 집에 도착하면 남편하고 상의를 한 다음 가져가야겠다는 욕심도 생겼다. 더구나 동생의 소유품이다. 경찰관인 남편은 그런 경우 어떻게 처리해야 할지 결론을 내려줄 것 같았다.

승객들은 열차를 바꾸어 탔고, 나는 저녁 여섯 시 TV 뉴스를 통해 사고현장을 다시 볼 수 있었다. 남편은 그 열차에 내가 타고 있으리라고는 꿈에도 생각 못했다며 매우 놀랐다. 나는 남편을 부둥켜안고 놀란 가슴을 진정시키느라 눈물을 쏟았다. 뉴스에서는 버스 화재가 진화된 장면만 보여주었다. 내가 목격한 잔인한 장면은 다시 보지 않아도 되었다.

천만다행으로 큰딸아이는 제 달을 채워 무사히 태어났다. 딸아이는 유난히 몸이 허약했다. 의료보험제도가 없을 때였다. 병원비가 남편의 봉급을 능가할 때가 허다했다. 딸아이를 들쳐 업고 병원 문턱이 닳도록 들락거리며, 그 날 내가 받은 스트레스를 아기도 받은 탓인가 하고 걱정도 참 많이 했었다.

큰딸은 어느덧 47세가 되었다. 현재 일산 대진고등학교 학생부장으로 근무 중이다. 지금도 계절이 바뀔 때마다 감기를 달고 산다. 약골이지만 정신력은 투철하다. 여자의 몸으로 학생부장 역할을 훌륭하게 감당하는 걸 보면 대견하다. 딸아이한테는 이 얘기를 한 번도 해 준 적이 없다.

오늘은 추석명절 뒤에 갖는 가족모임이다. 전남 영암이 시댁인 셋째 딸은, 언제나 한 주일 늦게 나를 찾는다. 동기간들을 소집해 식사대접 하는 걸로, 명절날 친정을 찾지 못하는 도리를 대신한다.

토기는 버려진 채 잊기로 했다. 남편은 "도둑질한 물건을 집에다 두는 건 '장물취득' 이라 벌칙을 받는다."라고 말했다. 청렴결백한 남편의 생각이었고 나는 남편의 뜻을 받아들였다.

아이러니하게도 민속박물관을 찾을 때마다 비슷한 토기를 만나면, 그 토기의 값이 얼마인지 알고 싶어진다. 누군가 그 토기를 내게 그려보라고 한다면 비슷하게라도 그릴 것 같다. 왜일까?

토기를 팔아달라고 내게 맡긴 외사촌 동생은 토기 값을 달라며 자주 나에게 손을 벌렸다. 나는 그때 각박한 경찰관 봉급에서 여러 번 동생에게 용돈을 지불해야했다. 동생은 내 말을 곧이듣지 않았던 것 같았다.

–그날 불행하게도 화마에게 목숨을 빼앗긴, 경서중학생들에게 47년 세월이 지난 지금에라도 삼가 명복을 빕니다!–

영화 '부산행' 에서 딸의 안전을 위해, 죽을힘을 다해 좀비의 습격을 막았던 아빠! 불운하게도 막판에 악성 바이러스에 감염되고 말았다. 아빠는 사랑하는 딸과 임산부에게 감염될까봐, 열차에서 스스로 뛰어내린다. 유일하게 생존한 임산부와, 남을 배려하지 않던 펀드매니저 아버지를 이해하지 못하던, 양심 양호 소녀의 삶이 어떻게 이어질지?

호박넝쿨

빗줄기도 빗소리도 한결같은 모습으로 며칠 동안 악우惡雨가 쏟아졌다. 집 앞 배수구로 몰려드는 낙수를 유심히 보노라니 용현천 변에 일구어놓은 조그만 채마밭이 걱정된다. 우의를 입고 호미를 챙겨 밭으로 향했다.

무겁게 내려앉은 먹구름으로 인해 정오인데도 주변은 어둑발이 내린 초저녁 같다. 밭을 향한 길에 천둥과 함께 번쩍이는 섬광이 심상치가 않았다. 내 손에 들린 호미에 전류를 흘려보내 혈관을 송두리째 태워 버릴 것 같아 머리카락이 쭈뼛거린다. 지난여름 교통사고로 다친 오른쪽 무릎 '반월상연골' 까지 삐드득거린다. 마음은 다급한데 행동으로는 뒷걸음질을 치는 것 같다.

채마를 가꾸는 동안 하루 종일 밭에서 김을 매거나 거름을 주면서 몰두할 때는 외롭지 않아서 좋았다. 나의 콩밭에 오만하게 자라고 있는 잡초를 보면 살면서 알게 모르게 지은 죄가 자라고 있는 것 같아 가차 없이 뽑아버렸다. 나에게 식물성 단백질을 공급할 유익한 콩대한테 해를 끼친다는 나만의 아집으로 잡초를 따가운 햇살에 말려버렸다. 잡초가 사라진 자리에 흙을 덮고 콩대를 바로잡아 토실하게 키워 나가는 묘미는 즐거움과 보람으로 충만했다.

채마는 사 먹는 사람이나 팔기 위해 재배하는 사람에게는 자신의 진미를 함부로 선물하지 않는다. 땀 흘려 가꾸며 정성을 다해 길러 준 농부에게만 상큼한 맛을 아낌없이 베풀어준다. 밭의 가치는 나의 손길 따라 상승되어 갔다. 때가 되어 채마를 거둘 때 농부의 뿌듯함과 풍성함은 흙의 순수함을 알지 못하는 이들은 모르리라.

의정부시에서 마련해 놓은 부용천변 산책로는 이미 물에 잠겨버려 인적이 끊겼다. 소용돌이치는 황토물에 징검다리도 자취를 감추었다. 깡충거리며 건너던 어린아이들의 재롱도 지금은 보이지 않는다.

거센 황토 물살을 보는 순간 몇 해 전, 중랑천이 넘쳐 나의 세 평짜리 지하 사글셋방을 덮쳤을 때가 떠올랐다. 졸졸졸 시냇물 소리가 꿈속인 양 들려왔다. 이른 새벽 내가 눈을 떴을 땐 이미 옆집 사람들은 허벅지까지 차오른 흙탕물을 가르며 조용히 짐을 옮기고 있었다. 불쾌지수가 높은 날엔 묵은 바람 한 점도 들어오지 않던 작은 창문으로 순식간에 쳐들어 온 달갑잖은 억센 물살에 허리를 잡혔다. 그곳에서 빠져나올 엄두도 못낸 채 대성통곡했다.

전지전능하신 예수님 아버지, 자비롭고 지혜로운 부처님 할아버지, 극락에서 굽어 살피실 친아버지, 주문을 몰라 어떻게 도와 달라고 해야 할지 모를 알라신까지 불렀다. 목이 터지라 그들을 불러보았지만 절대 신은 단 한 분도 그곳에는 존재하지 않았다. 내 모든 것은 하수구에서 치솟은 오물과 함께 잠식되고 말았다.

그 지하방에 들기 전 남편은 부실한 건축업자의 빚보증을 서주고 적절치 않은 소송까지 벌였다. 남자화장실까지 남편을 따라가 무릎을 꿇고 빚보증을 서지 말아달라고 매달리며 애원했다. 남편은 자신의 소망을 이해하지 못한다며 나를 힐난하며 밀쳤다. 그 길로 남편은 사기꾼에게 인감을 내어주고 말았다.

내 반생의 꿈을 담아 지은 오 층짜리 상가주택이었다. 윗돌 뽑아 아랫돌을 괴고 아랫돌을 뽑아 윗돌을 괴는 식으로 오 년을 버티다가 두 손 두 발 다 들었다. 우리 가족은 한 치 앞을 못 보는 청맹과니가 되어 스스로 물러나고 말았다.

갈 곳이 없던 우리 부부는 지인의 소개로 공릉동 저지대 연립주택 무허가 지하셋방을 얻어들었다. 이사 온 지 두 달 만에 수재민까지 돼버렸다. 지천명 중반의 삶은 처절한 열패자로 남을 수밖에 없었다.

물에 불은 가구는 모두 버려야 했고 가전제품은 쓸 수가 없어 불편하기 짝이 없었다. 선풍기로 몇 달을 말렸지만 방바닥에 고인 물은 마를 줄을 몰랐다. 벽에도 물이 배어 있어 누전이 두려웠다. 유난히도 추웠던 그해 겨울, 우리 부부는 등 돌리고 누워 기나긴 겨울밤들을 한숨으로 보내야 했다.

중풍환자인 남편을 앞세우고 더 이상 갈 곳을 찾을 수가 없었다. 한강철교에서 검은 치마폭을 둘러쓰고 강물로 뛰어드는 장면을 베갯잇에다 밤마다 그렸다. 내 키보다 높은 설산雪山에서 편히 누울 이글루 무덤은 또 몇 개나 짓고 허물었던가.

밭에 당도해보니 줄타기를 하는 토마토와 튼실한 옥수숫대는 제자리를 잘 지켜내고 의연히 서 있었다. 줄기를 솎아 주었던 고구마도 어느새 새순이 뻗어나가 밭고랑을 꽉 붙들고 있어 온전했다.

남들보다 뒤늦게 발견한 하천부지 한 귀퉁이 조그만 자갈밭이었다. 크고 작은 돌을 고르고 나니 경사가 심해 뒷산의 부엽토를 여러 번 퍼다 부었지만 채워지지가 않았다. 물 빠짐이 좋아서인지 오히려 반듯한 옆집 밭보다 이번 장마에는 온전했다. 다른 작물을 휘감을까봐 밭 가장자리로 돌렸던 호박순은, 우거진 잡초에 가려 뿌리서부터 조심조심 더듬어 애순을 찾았다. 십여 미터 정도로 뻗어나간 호박넝쿨엔 암수꽃 모두가 비에 젖어 고개를 숙이고, 뿌리 가까이 있는 잎사귀는 흙탕물이 튀어 상처투성이다.

옛 어른들은 팔자가 사나운 여인을 가리켜 '호박순만도 못한 팔자' 라며 안타까워했다. 그리고 한번 그르친 삶의 질곡에서 벗어나 보다 나은 인생길을 택한 여인에겐 '여자 팔자 호박순, 돌려놓기 나름' 이라며 제 이의 인생길엔 행복을 빌어주는 덕담도 했다.

나의 생모生母는 생부生父와의 이별로 인해 태어난 지 백일도 안 된 나를 안고 친정으로 되돌아가 더부살이를 했다. 호구지책으로 친정살이를 벗어나 개가를 하셨다. 나는 중학교에 입학할 무렵부터 서울의 생부와 살게 됐다. 방학을 하기가 무섭게 어머니한테로 달려갔다. 그때마다 어머니는 말귀가 제대로 열리지도 않은 어린 내게 당신의 호박순 팔자 한탄을 하셨다.

어머니와 함께 유년시절을 보낸 경남 거창읍 중동에는 여름이면 돌담장을 타고 오르는 호박순이 지천이었다. 아랫집에는 나보다 한 살 위인 경자와 남동생 둘까지 할머니가 키우고 있었다. 잎담배를 무척이나 즐겨 피우던 경자 할머니의 모습이 내게 매우 인상적으로 남았다.

"육이오 전쟁 통에 죽은 내 아들이 안타깝고 어린것 삼 남매를 두고 개가를 해버린 며느리가 괘씸하다." 며 빈 곰방대로 놋쇠 재떨이를 땅땅 두드리며 넋두리를 해대는 노인이었다. 그 할머니가 유난히 쓸쓸해 보이는 날엔 손녀인 경자와 내가 위로를 해 드린답시고, 노랗게 마른 호박잎을 따왔다. 조그만 손으로 싹싹 비벼 엽연초를 만들어드렸다. 그 어린 소견에도 할머니를 돕고 싶은 마음이 들었던가 보다.

할머니는 담배를 피우다가 맛이 다른 걸 알고 경자와 나를 불러다 채근을 했다. 우리는 아무 생각 없이 호박 잎사귀 이야기를 했다. 할머니는 장죽을 든 채 높은 섬돌을 단숨에 뛰어내렸다. 경자의 뒷덜미를 우악스럽게 잡았고, 눈물이 쏙 빠지도록 혼이 났다. 그 일이 있고 나서야 엽연초가 따로 있다는 걸 알게 됐다. 우리는 두고두고 그 이야기를 하면서 소녀 적 추억을 꺼내보고 웃곤 했는데, 경자는 무엇이 그리 급했는지 이 년 전에 극락행 열차를 타버렸다. 우리의 소중한 추억을 크나큰 아픔으로 남겼다.

밭에서 호박순을 바로 잡아주고 돌아오면서 어머니와 경자 생각을 하니 눈물이 난다. 내 어머니의 개가改嫁로 두 번째 호박순이 제대로 담장을 넘었더라면, 아랫집 할머니의 며느리인 경자 엄마가 다시 불행해졌다는 뒷이야기가 들리지 않았더라면 호박순 팔자 이야기는 기억하지 못했으리라. 그분들의 불행을 뼈저린 교훈으로 삼지 않았다면 나 또한 질곡의 세월을 보내면서, 호박순이 되어 남의 집 돌담장을 한 번쯤 기웃거리지 않았을까.

2009년 성하에 쓰다.

양치기 소녀

나는 그 시간 고향에서 이발관을 운영하는 초등학교 동창생과 통화 중이었다. 친구들의 근황을 물으며 영호강을 떠올리며 무심코 바라본 앞동산 중턱에서 노란 연기가 퐁퐁 피어올랐다. 순간 '혹여 산불이?' 하는 의구심이 뇌리를 스쳤다. 서둘러 휴대폰을 끊었다.

우리집 발코니 서편에 광교호수가 자리하고, 남쪽 정면 조금 먼 곳에 '동부버스차고지'와 '연화장'이 보인다. 그곳은 불을 다루는 곳이다. 동부 차고지에는 수많은 버스가 가스통을 매단 채 들고 난다. 혹여 그곳 사람들의 부주의로 불똥이 튀어 세찬 바람을 타고 앞동산으로 옮겨 붙은 게 아닐까, 여러 가지 생각이 꼬리를 물었다

그날따라 유난히 거센 바람이 불었다. 그 바람이 안개처럼 자욱하던 공해를 다른 곳으로 몰아갔나 싶을 정도로 쾌청한 날씨였다. 산을 지키는 큰 나무들도 심하게 흔들렸다. 그런 앞동산에 노란 연기가 퐁퐁 터지는 건 예사로운 일이 아닌 듯했다. 연기는 한 곳에서만 터지는 게 아니

다. 이곳저곳에서 쉴 새 없이 터졌다가 이내 사라지곤 했다. 눈만 뜨면 대하는 아름다운 앞동산이 불에 탄다는 생각을 하니, 온몸의 피도 함께 타들어가는 것 같다. 기이하게도 불꽃은 보이지 않았다. 연화장에서는 시신을 태운 연기를 땅속에 묻는다는 얘기를 오래 전에 들었다. 그 연기가 땅속에 차여서 폭발을 한 것 같은 얄궂은 상상력도 발동했다.

자신도 모르게 휴대폰으로, 119에 산불신고를 하고 있었다.

"광교호수 인근에 산불이 난 것 같아요. 저 아름다운 동산이 다 타버릴 것 같은데 어떡하면 좋아요?"

당혹한 나와는 달리 여자 소방관은 지극히 사무적인 목소리로 물었다.

"화재 신곱니까? 그런데 신고자분은 너무 감성적이네요. 정확하게 어느 동네인지 얘기해 주시고, 연기와 불꽃이 보이는지만 말씀하세요."

"너무 떨려서 더 이상 말을……! 아, 아 지금 소방헬기가 지나가요. 그런데 왜 물주머니가 비어 있죠?"

여자 소방관의 목소리는 아까보다 더 차분했다. 한 술 더 떠 휴대폰으로 나의 위치 추적을 하는 중이라며 양해까지 구했다. 경찰관을 보내서 직접 현장을 봐야겠다는 것이다. 나는 부아가 치밀었다.

"이 여자가 속고만 살았나?" 하고 중얼거렸다.

119로 통화를 시작할 때 집주소와 영동고속도로 건너편이라고 위치를 말했었다. '혹여 나를 허위신고자로 붙잡아가겠다는 말인가? 내 말을 믿지 못한다는 말인가' 부아가 머리끝까지 치밀 즈음 현관 벨이 울렸다. 모니터에 정복 차림의 남자 경찰관 두 명이 보였다. 빨리도 왔다는 생각을 하면서 현관문을 활짝 열어젖혔다. 집안으로 들어온 경찰관이 사무적인 표정으로 내게 물었다.

"신고하신 상황을 직접 확인해도 되겠습니까?"

"당연한 걸 왜 물어요?" 나는 볼멘소리를 했다.

거실로 들어온 경찰관이 앞동산을 주시하며 침착하게 말했다.

"바람이 저렇게 부는데 어째서 불꽃과 연기는 안 보일까요?"

아까와는 달리 앞산에는 오월의 신록이 뽐을 내듯 출렁거리고 있었다. 나는 머쓱해서 몸 둘 바를 몰랐고, 내심 불안한 마음을 표현했다.

"그럼 내가 양치기 소녀란 말입니까? 조금 전까지 이곳저곳에서 노란 연기가 펑펑 터졌단 말입니다!"

바로 그때였다.

나의 산불신고를 인정이라도 하듯 앞동산 여기저기서 노란 연기가 솟아올랐다. 마치 미니 핵폭탄의 잔영인 양 피어오르는 것이다.

나는 경찰관한테 "저것 보세요."라고 소리를 질렀다. 내가 제대로 본 것을 당신들은 왜 못 믿느냐는 식이었다. 노란 연기를 직접 확인한 경찰관의 얼굴이 애매모호한 표정으로 바뀌었다. 경찰관은 오히려 안심했다는 듯한 시선으로 나를 바라봤다. 그 순간 알 수 없는 비애감에 내 몸과 마음이 땅속으로 푹 꺼져 드는 것 같았다.

"여기 전망 하나 죽여주네요. 이 집 분양받았습니까?"

동행한 경찰관의 뚱딴지같은 물음에 어이상실 대체 난감이었다.

해결해야 할 사건이 산적한 경찰관을 놀리느냐는 듯한 표정을 읽을 즈음 젊은 경찰관이 단호하게 말했다.

"저 노랗게 피어오르는 것은 화재로 인한 연기가 아닙니다. 이맘때면

이 산 저 산에 핀 꽃들이 날려 보내는 봄의 전령사지요."

"글쎄 그게 뭐냐고요?"

"송화 가루입니다."

나는 떨리는 목소리로 말했다.

"그럼 나는 허위신고로 고발당하는 건가요?"

"착각과 착시로 인한 부득이한 신고지요. 봄이면 흔히 벌어지는 에피소드랍니다. 선생님께서 책임질 일은 아무것도 없습니다!"

임무를 끝낸 경찰관들은 거수경례를 하고 내 집을 떠났다.

내 심장은 아직도 쿵쾅거림을 멈추지도 않았는데……!"

발걸음도 가볍게

칠십 킬로로 달리는 시간 열차를 타고, 목적지를 향해 달리다 보니 경술년 종착역에 도달했다. 일기장을 겸한 데스크 캘린더를 펼쳐놓고 금년의 출발 시점부터 돌이켜 본다. 정월에 세웠던 계획대로 살아내진 못했지만 크게 계획을 이탈하지도 않았다.

유월에는 문인들과 어울려 제주도로 문학기행을 다녀왔다. 가을엔 지리산 토지문학기행도 다녀왔고, 초겨울엔 국제PEN한국본부 주최로 열린 '경주한글작가대회' 에도 참가했다. 꽤 많은 문학지에 작품을 올렸고 네 번째 출간할 수필집 간지에 넣을 민화도 그리고 있다. 딴에는 부지런히 움직였고 열심히 활동했던 한 해였다. 굳이 내 삶의 점수를 매긴다면 팔십 점은 너끈히 될 것 같다.

작금에 모 정치인으로부터 비롯된 '성 미투' 가 한동안 매스컴을 뜨겁게 달구었다. 그 일이 채 끝나기도 전에 성공한 연예인들의 부모가 진 빚으로 인해 '빚 미투' 가 또 말썽이다. 빚 미투는 대부분이 부모의 과거사다. 유명 연예인들은 부모의 실수로 인해 사생활이 노출되고 경제적 손실 또한 이만저만이 아닌 것 같다. 내게도 의사인 아들과 교직에 있는 맏딸과 가정경제를 야무지게 이끌어가는 막내딸을 두고 있어 조심스럽다.

나는 수십 년간 일기를 쓰고 있다. 사 남매를 키우면서 적었던 육아일기의 연장선상이기도 하다. 소녀 적 적절치 않은 가족사로 인해 슬펐던 이야기는 새록새록 떠오른다. 기억창고에 저장된 아름다운 추억을 꺼내 보려고 창고 문을 열어보면 텅텅 비어 있다.

내 삼십 대의 일기장은 가정경제의 궁핍함과 친척들의 잦은 방문과 시댁의 애경사에 대한 난제가 주를 이루었다.

내 인생의 황금기는 불혹 시절이었다. 자녀들이 하나같이 공부를 잘했고 각자 원하는 대학교에 진학도 했다. 우리 집 사전에는 재수再修가 없었다. 더 좋은 대학에 가고 싶어 재수를 원했던 아들한테도 경제적 여건 때문에 허락되지 않았다. 다행히도 사 남매는 유급 한 번 없이 학업을 마쳤다. 자녀들이 학교에서 사회생활에서 받아온 상장의 높이는 엄마의 기쁨과 정비례한다. 그 시절의 일기장을 열어보면 저절로 함박웃음을 웃게 된다.

지천명의 시간은 온통 흑색이라 기억하고 싶지가 않다. 그 시기에 일어난 일들은 지워버리고 싶어서, 모든 기록들을 무인도로 귀양살이를 보내버렸다.

인생 최악의 난국難局에 부닥치거나 증거가 필요할 때는 일기장을 찾거나 해묵은 저금통장을 뒤져본다. 거기서 찾아낸 기록과 숫자가 때로는 물적 증거가 되기도 했다.

십칠 년 전 ○월 ○일 일기장에 이런 글이 적혀 있다.

— 피도 살도 섞이지 않은 이웃사촌으로부터 가구를 마련하기 위해 일

백만 원을 빌렸다. 차용증은 쓰지 않았다. 보증인도 세우지 않았다. 그런 내게 선뜻 돈을 빌려준 이 회장님한테 무엇으로 보답을 해야 하나!

며칠 전 들렀던 문구점에서 예쁜 돈 봉투 몇 장을 골랐다. 결혼한 자녀들은 장모님이나 시부모님한테서 세뱃돈을 받을 것이다. 법으로 맺어진 가족, 며느리와 사위 손주들까지 나누어 줄 세뱃돈은 내가 마련해야 한다. 세뱃돈을 담으려고 준비한 봉투 중 한 장을 콘솔 서랍에서 꺼냈다. 봉투 속에 든 속지에다 정성을 담아 손 편지를 썼다.

이 회장님! 어느 해 여름 공릉천이 범람해 나는 수재민이 됐었죠! 난 생처음 당해본 험악한 일이라 세상을 등지고 싶은 생각밖에 없었습니다. 설상가상 뇌경색 환자인 남편을 책임져야 하는 입장이라 죽지도 못하고 앉는 곳마다 눈물을 뿌리고 다녔습니다. 물에 빠진 놈 지푸라기라도 잡는 절실함으로 영구임대 아파트 신청을 했고 당첨이 됐었지요. 어렵사리 입주는 했는데 가진 건 아무것도 없었지요. 열 두자짜리 자개장이랑 화초장 냉장고는 이미 흙탕물에 잠긴 뒤였으니까요. 그때 이 회장님한테 일백만 원을 빌렸습니다. 그동안 묵묵히 참고 기다려 주셔서 감사합니다!

엊그제 치과 비에 보태라고 막내사위가 보내온 목돈이 통장에 들어있었다. 현금지급기에서 오만 원 권 스무 장을 뽑았다. 편지 속지에 고이 싸서 꽃봉투에 담았다. 얼마 남지 않은 설날에 자녀들한테 세뱃돈을 주고 일시적으로 흐뭇함에 젖는 일은 접기로 했다. 엄마의 묵은빚으로 인해 '빚 투' 에 걸려 불명예스러운 일을 당하지 않게 하는 것이 엄마의 도리라고 생각했다. 생각 한 번 바꾸니 세상이 달라 보였다. 치과치료는 나중에 받아도 되지만 묵은 빚은 금년을 넘기고 싶지 않았다. 작정을 하고 나니 마음이 조급해졌다. 서둘러 집을 나섰다. 지인의 집으로 향하는 발걸음이 날아갈 듯 가벼웠다.

지인과 함께 다니던 절에도 못 간지가 삼 년 째다. 그동안 지인과는 안부전화 한 통 없이 지냈다. 우리가 만나지 못한 사이에 지인한테도 여러모로 변화가 있었다. 귀한 외손자가 둘이나 태어나는 경사가 있었다. 영국유학에서 박사학위를 받은 둘째 딸은 마카오대학에 교수로 임용되는 호사도 누렸다고 했다. 손자들을 봐주느라 마카오에 머무는 시간이 많았다며 이야기보따리를 풀어놓았다.

참으로 오랜만에 전화 한 통 걸고 나타나서, 겸연쩍게 돈 봉투를 내미는 내게 지인은 말했다.

“형님한테 돈을 빌려드린 적이 없어요. 집들이 선물이었습니다. 이젠 그 어려웠던 시절 다 잊고 자녀들 덕으로 노후를 편하게 보내세요.”

나는 그칠 줄 모르고 흐르는 눈물을 찐한 도가니탕 국물과 함께 후룩후룩 마셨다. 지인의 정성과 푸근한 인정이 담긴 밥을 먹고 나니 가슴이 뜨끈해졌다.

지인을 만나러 올 때의 발걸음은 한없이 가벼웠다. 집으로 돌아가는 발걸음은 참새 깃털보다 더 가볍다.

열흘만 있으면 기해년己亥年이 된다. 이천십구 년 돼지해에는 지인 부부가 경영하는 화학제품 회사에 대박 행렬이 이어지길 빌어본다.

2018년을 보내며.

그 사람이 보고 싶다

<찾는 이가 한 사람도 없는 그날까지>

오늘도 기적의 산실産室에서 또 다른 만남을 주선하기 위해 고심하고 계실 KBS 아침마당 <그 사람이 보고 싶다> 제작팀 여러분께 깊은 감사드립니다. 일주일을 일 년처럼 살아가시는 여러분들의 열정과 사려 깊은 노고도 치하합니다. 딸 셋을 낳은 뒤 아들을 낳았을 때의 감격으로 다가왔던 그날, 저의 감동을 함축된 시어詩語로는 표현이 어려워 이렇게 편지글로 써 봅니다.

마치 꿈을 꾸고 있는 것 같던 그날(2007년 1월 17일 출연) 방송 출연 이후, 저보다 감동한 지인들의 전화를 수도 없이 받았습니다. 중국에서 '라벨' 사업을 하고 있는 여동생의 축하 방문을 받기까지, 짧은 시간을 긴 행복으로 보냈고요.

60~70 시절 우리나라 살림과 가정경제는 참으로 어려웠습니다. 다행히 저희 집은 아버지께서 아이스케이크 공장을 네 개나 경영하고 있어 부유했습니다. 이번에 찾은 친구 노상조의 집은 도화동 꼭대기에 있는

판자촌이었습니다. 신광여중 동창생인 우리들은 하교 길에 헤어지기가 싫어 상조네 집과 우리집을 왕복하다가 중간지점인 효창공원에서 어쩔 수 없이 잡았던 손을 놓곤 했었지요.

상조는 은행에 취업하기 위해 동구여상에 입학했지만 불투명한 장래에 대해 근심을 하다못해 간호고등학교로 편입을 했습니다. 졸업 후 강원도 바닷가에 있는 현리 보건지소에서 실습을 마친 뒤 파독 간호사가 되어 독일로 떠났습니다.

그 후 사십 년이란 세월이 흘렀습니다. 그동안 우리는 몇 차례 편지를 주고받기도 했었지요. 우리 가족이 여러 번 이사를 하는 통에 상조와는 소식이 끊겨버렸습니다. 중년이 되어 삶의 여유가 생기면서부터 상조의 소식이 절실해졌습니다. 상조의 독사진과 주고받은 편지 몇 통과 겉봉투에 쓰인 주소가 담긴 봉투를 독일대사관으로 보냈습니다. 네 번째 편지를 보냈을 때 대사관에선 이런 답글을 보내왔습니다.

귀하의 간절한 소망을 접하고 백방으로 수소문을 했습니다. 안타깝게도 친구 분을 찾을 수가 없었으며, 귀하가 원하는 답을 드리지 못해 죄송합니다.

답장을 받고 가슴이 먹먹했을 뿐 눈물도 나지 않았습니다. 더 이상 알아볼 곳도 없어 단 한 번만이라도 만나야 한다는 소망도 접었습니다.

어느 날 KBS 아침마당 〈그 사람이 보고 싶다〉를 시청하게 되었습니다. 즉시 방송국으로 전화를 걸었지요. 행운의 여신은 제 편이었습니다. 며칠 후 담당 구성작가로부터 나의 애타는 사연이 채택됐다는 전화를 받았습니다.

아침마당 생방송 중에 연결된 전화로 상조의 허스키한 목소리를 듣고 "KBS miracle!!" 하고 자신도 모르게 외쳤습니다. 방청객들은 박수를 치며 함께 기뻐했습니다. 먼 타국에서 잘 살고 있는 상조와 통화를 하며 몸은 비록 먼 곳에 있지만 마음으로는 통할 수 있어 참으로 행복했습니다. 석가모니 부처님이시여 천지신명님 정녕 기쁘고 감사합니다.

'노상 상賞 조!' 학창시절 제 오빠가 지어 준 상조의 별명입니다. 동갑나기 중학생들끼리 웃자고 지어낸 말이지만, 상을 노상 달라는 뜻을 곱씹으며 지금도 빙그레 웃는 답니다.

방송이 끝난 다음날 상조와 집전화로 오랜 시간 통화를 했습니다. 상조가 내게 던진 첫마디는 이랬습니다.

"너의 오빠는 지금 어떻게 살고 있니, 결혼은 했어?"

학창시절에 짝사랑했던 제 오빠의 소식이 많이 궁금했던 모양입니다. 제가 방송에서도 밝혔듯 노상조의 첫사랑이 우리 오빠였거든요. 그런데 이를 어쩝니까? 제 오빠의 첫사랑은 'S표 연탄공장' 사장 딸이었거든요. 진명여고생이었고 얼굴빛은 검었고 윤기가 흐르고 치열이 고른 소녀였지요. 그 당시는 친구의 소중한 꿈을 깰까봐 차마 말을 못 했고, 이번 통화에서도 밝힐 수가 없었습니다. 친구와 만나더라도 그 얘기는 영원히 하지 않을 작정입니다. 짝사랑이 더욱 애틋하고 살 떨리는 경험이거든요.

상조의 남편은 독일인 의사였답니다. 서른다섯에 레지던트를 마치고 전문의가 됐다는군요. 어려운 가정형편에 힘겨운 의학공부를 하느라 고생을 많이 했고, 그로 인해 지병을 얻어 저세상으로 떠났다는군요. 그 말을 듣는 순간 제 가슴이 멍해졌습니다. 상조도 어린 나이에 타국에서 고생하다가 좋은 남편 만나 제대로 살아보나 했는데……!

아버지가 못다 이룬 꿈을 딸이 대신해 의사가 됐다고 했습니다. 회사원인 아들과 세 식구가 단출하게 살고 있답니다. 저 또한 의사인 아들과 단둘이 살고 있다며 서로가 닮은 점을 발견하고 우린 천생 친구라는 걸 깨달았습니다.

상조는 부모님 초상初喪 때 참석치 못한 것이 늘 가슴에 한으로 남아있고, 돌아가신 모습을 보지 못해 지금도 살아계신 걸로 착각까지 한답니다. 금년 가을엔 산소에 참배도 할 겸 귀국할 예정이라고요. 그때 방송국으로 연락드려도 될까요? 저희들의 후일담도 아침마당을 통해 시청자들한테 알려준다면 시청률이 한껏 올라가겠지요!

만남도 다 때가 있는 것 같습니다. 구성작가가 독일 상조한테 첫 번째 전화를 걸었던 날, 상조는 첫새벽에 잠이 깼답니다. 텔레파시가 통했을까요? 우리말을 영영 잊어버리는 게 아닐까 하고 서재에서 한글로 쓰여 진 책을 한 권 뽑았고 책장을 펼치자 '김o선' 이름이 제일 먼저 보여 전율을 느꼈답니다. 학창 시절 내가 생일 선물로 준 시집이었답니다.

조만간에 상조가 고국으로 오든지 제가 독일로 가든지 우리들의 만남은 이루어질 것입니다.

우리나라 국영방송에서 이토록 훌륭한 일을 한다는 걸 친구가 살고 있는 독일의 이웃들에게도 자랑을 했겠지요. 물론 교민들이야 익히 알고 있겠지만요. 방송국에서 제작팀과 처음 미팅을 하던 날입니다. 구성작가님의 푸근한 인상이 처녀 시절 아버지의 사업실패로 겪었던 가난과 질곡의 세월을 고백하며 눈물짓게 하셨어요.

두 번째 미팅이 있던 날이었지요. 오거서五車書를 탐독해서 먹물에 씻은 듯 맑고 검은 눈동자, 마디 없이 희고 가녀린 PD님의 하얀 손도 떠오릅니다. 마지막으로 출연자들 면담을 하던 날 PD님은 첫인상과 전혀 달랐지요. 만나고 싶은 모든 분들한테 기회를 주려는 강력한 추진력을 보았습니다.

생방송이 무사히 끝나고 PD님은 말씀하셨지요.

"우리는 노상조 씨와 김 시인님이 통화하게 될 걸 미리 알고 있었지요. 허허허!"

집으로 돌아와 컴퓨터를 열고 KBS 블로그로 들어갔지요. 화면에는 출연한 사람 각자에 알맞은 콘셉트를 자막 처리로 효과를 더했더군요. 저의 경우 노상조가 진학한 '동구여상'이 '동부여상'으로 '도화동'이 '도하동'으로 잘못 쓰여지기도 했고요. 구성작가와 전화통화 때 내 경상도 사투리가 문제였던 것 같습니다. 뭐 그 정도야 아무려면 어떻습니까? 찾고 싶은 친구를 찾았으니 제 역사의 장에 기록될 만한 성공담인 걸요!

"나 홀로 시인詩人인 우리 장모님! 온 국민이 다 보는 아침마당에 출연하셨으니 한풀이 하셨네요."

매일경제신문 전직 기자였으며 '세계를 깜짝 놀라게 한 백대 뉴스' 번역가인 둘째사위가 놀리는 데도 전혀 고깝게 들리지 않았지요. 오히려 사랑스러운 재롱으로 들렸습니다. 평소에도 그 사위는 저를 부를 때 '작가선생님'으로 호칭을 한답니다.

현재는 샌프란시스코 산호세에서 모 회사 지부장으로 근무하는 저의 둘째 사위와, LA에 살고 있다는 상조의 큰오빠 가족들은 그곳 시간인 한밤에 생방송으로 아침마당을 보았다고 합니다. 중국 칭다오에서 살고 있는 제 여동생도 한 시간 오차로 방송을 보았다니 우리들은 진정한 글로벌 시대에 살고 있음을 절감했습니다.

금년에 〈그 사람이 보고 싶다〉를 통해 만나야 할 모든 분들의 소망이 루기를 두 손 모아 기도합니다.

살아서 꼭 만나야 할 사람들,
행방을 몰라 애태우는 가족들 모두가 해후하는 그날까지,
담당자 여러분들의 노고로 엮어지는 감동과
기적의 드라마가 존속되기를 기원합니다!

마지막으로 저의 자작시 '영호강'을 낭송할 수 있는 기회를 주신 것 영광스럽습니다. 요즘 겨울답지 않게 따뜻한 날씨가 오히려 걱정입니다. 감기 조심하세요.

2007년 1월 17일

〈그 사람이 보고 싶다〉에 출연했던 김문선

행운목 꽃을 피우다

솔잎으로 이은 지붕에 구멍이 숭숭 뚫렸다. 거기를 통해 잉크빛 하늘이 내 침실로 들었다. 심한 한기를 느꼈다. 머리카락이 쭈뼛쭈뼛 일어섰다. 뚫린 지붕을 통해 누군가 침입을 했을 것 같은 두려움이 온몸을 휘감았다. 그 자리를 피하려 할 때였다. 내 몸은 마치 용수철에 튕기듯 거실로 내몰렸다. 거실에는 아무도 없었다. 눈뜨면 가장 먼저 들르는 곳, 서재 방문을 열었다. 머리엔 상투를 틀고 실눈을 뜬 후줄근한 남자가, 산모 뱃속에 든 태아처럼 웅크린 채 누워있었다. 노크도 없이 방문을 열어젖힌 나를 발견하고 남자는 화들짝 놀라며 몸을 일으켰다. 생면부지인 그 남자가 별안간 내 가슴을 향해 돌진해 왔다.

"저놈 잡아라. 우리 지붕을 뚫고 들어온 도적놈이다."

내가 지른 소리에 스스로 놀라 눈을 떴다. 사위는 온통 먹물을 엎은 듯 캄캄했다. 남자는 어디로 사라졌는지 보이지 않았다. 잠옷은 온통 젖어 있었고 알 수 없는 냄새가 집안에 가득했다. 발코니에서 한창 꽃망울을 부풀리고 있는, 천리향의 익숙한 향기는 아닌 것 같다. 다리가 풀려 발걸음이 제대로 옮겨지질 않았다. 마취에서 덜 풀린 듯한 이 느낌은 대체 무엇이란 말인가.

꿈속에서 악을 쓴 탓인지 조갈도 났다. 냉수를 벌컥벌컥 들이켰더니 정신이 들었다. 거실 등을 켰다. 꽃꽂이 주지로 쓰이는 '아라판사스'와 흡사한 꽃대에서, 작고 하얀 꽃송이들이 터졌다. '일생에 한 번 보기도 힘들다.'는 저 고귀한 행운목 꽃이 내 집 거실 가득 향기를 내뿜었고, 나는 그 향기에 취해 정신이 몽롱해졌던 것이다.

이천구 년 십이 월에 출간한 내 수필집 《잠들지 않는 바람의 신》을 읽은 모 대학 C교수한테서 이메일로 독후감을 받았다.

"〈그대에게 부칠 편지 아직 내게 남아 있네〉를 읽고 깊은 감동을 받았습니다. 가슴 저 밑바닥에 묻어둔 눈물샘이 터졌나 봐요. 아무리 닦아도 멈추질 않는군요. 답례로 행운목 한 그루 보냅니다. 승승장구하십시오."

C교수로부터 행운목을 받고 하염없이 울었던 기억이 되살아났다.

행운목이 처음 내 집에 왔을 땐 백오십 센티 정도의 키였다. 물 주고 분갈이해주고 길고 넓은 잎을 닦아주며 사랑을 쏟았다. 먼저 살던 집보다 일조권이 좋아서일까, 내 사랑을 독점해서였을까! 하나둘 새싹을 내밀기 시작하더니 드디어 네 줄기의 가지를 쳤다. 그대로 두었다간 어미나무가 영양실조에 걸릴 것 같았다.

어느 날 행운목 곁가지에 식도를 들이대며 중얼거렸다.

"너 때문에 어미가 꽃도 못 피는 것 같으니 네가 떨어져 나가야겠다. 너희들한테 자양분을 빼앗기지 말아야 어미가 꽃을 피우지 않겠니?"

내가 잔인하게 휘두른 식도食刀에 저항하듯 곁가지는 순순히 잘려주지 않았다. 네댓 번의 칼질 끝에 어미나무에서 곁가지가 분리됐다.

일주일 정도 묵힌 수돗물을 유리 볼에다 붓고, 끓는 물에 소독한 갓난아기 조막만 한 자갈을 깔았다. 다음으로 곁가지를 볼에다 퐁당 담갔다. 나뭇가지보다 볼의 입구가 넓어, 가지는 균형을 잃고 모로 누워버렸다. 죽으면 죽고 살면 다행이라는 생각으로 꽂아놓은 뒤 까맣게 잊어버렸다. 어느 날 외출에서 돌아와 현관문을 열었다. 시궁창 냄새가 온 집안에 진동했다. 너무 역겨워서 견딜 수가 없었다. 집안 구석구석을 샅샅이 살폈다. 주방과 거실 사이에 놓아둔 유리볼 안에는, 행운목이 썩으면서 내뿜은 구정물로 버글대고 있었다. 곁가지한테 참으로 미안했다. 본가지에서 떨어져 나올 때 한 번 잃은 목숨을, 내 손으로 두 번 죽인 것이다.

유리볼을 깨끗이 씻어내고 흐르는 물로 자갈도 씻었다. 썩은 곁가지 밑동을 과도로 도려내고 삼일 동안 그늘에서 건조를 시켰다. 불현듯 옷장 곳곳에 넣어둔 대나무 숯이 떠올랐다. 유리 볼에다 그 숯을 담아 소독제로 쓰면 될 것 같은 예감은 적중했다. 이 주일이 지난 뒤에 들여다본 행운목 곁가지에 새하얀 뿌리들이 나 보란 듯이 돋아나 있었다.

비어 있는 화분들 중 비교적 크고 깊고 예쁜 것을 골랐다. 부드러운 배양토로 뿌리를 덮어주고 마사토와 기름진 흙을 섞어 곁가지를 심었다.

분 목을 해주고 팔 개월이 지난 십이 월 중순경이었다. 아침에 눈인사를 하느라 화분을 살폈다. 새순이 뭉텅이로 올라오고 있었다. 한 잎 아니면 세 잎이 고개를 내어 밀 때와는 모양새가 전혀 달랐다.

"혹시 꽃대?" 나는 혼잣말을 하면서 자신도 모르게 "성공이야 성공!" 하고 소리를 질렀다. 거실을 뛰어다니며 정신 나간 여인처럼 큰소리로 웃고 손뼉 치고 춤도 추었다.

향기가 진한 모든 꽃들은 독소를 품고 있다. 백합이나 르네브 카사블

랑카를 꽂아놓고, 밀폐된 공간에서 잠을 자던 이들이 영원히 눈을 뜨지 못한 사례는 생각보다 많다. 나 또한 첫새벽에 꾸었던 악몽이 아니었다면 행운목 꽃향기에 중독되어 세상을 등졌을지도 모른다. 만약에 그런 일이 있었다면 행운꽃은 악귀화惡鬼花가 되었으리라.

아침엔 봉오리로 머물다가 해질 무렵 피어나는 행운꽃! '약속을 지킨다' 는 꽃말이 적중한 걸까. 내 분신 《광교호반의 하루》가 시집詩集으로 묶어져 서재로 들어왔고 그 해에 재간再刊도 했다.

솔잎 지붕을 뚫고 내 침실로 들어온 잉크 빛깔 하늘은 내게 파란 용기로 다가왔다. 서재에 웅크리고 있던 남자는 내가 게으른 일상에서 깨어날 수 있도록 긴장감을 주었다. 현재도 그 흉몽의 반전을 준비 중이다.

네 번째로 출간할 수필집 《아버지의 조강지처》의 마지막 교정에 박차를 가하고 있다. 그 수필집은 행운목 꽃처럼 세상을 향해 화려하고 향기롭게 퍼져나가기를 기대해 본다.

2016년에 쓴 작품을 2019년 1월에 교정했다.

사이좋은 도서관

사이좋은도서관

내가 가장 아끼는 사회단체 중 한 곳은 '사이좋은 도서관' 이다.

광교마을 사십 단지 관리소와 마주하고 있는 도서관은 삼십칠 평 정도로 작은 공간이지만, 보유한 서적은 일만여 권이 넘는다. 이곳에는 빅토르위고의 '레 미제라블' 속의 빠삐옹이 살아 숨 쉬고 있다. 빠삐용이 홀로 된 누이가 키우는 조카들의 배고픔을 해결해 주려고 빵을 훔쳤다가 영어의 몸이 된 이야기, 김홍신 선생의 '인간시장' 주인공 장총찬의 기막힌 활동으로 서민들의 삶을 통쾌하게 만들어주는 대하소설, 조정래 선생의 '태백산맥' 의 웅장한 이야기와 박경리 선생의 '토지' 이십 부 속의 주인공 '서희' 를 비롯해 최 참판 댁의 녹을 먹고사는 수많은 사람들의 역사와 애환도 녹아있다. 청소년과 어린이들의 성장에 도움이 되는 마음의 양식도 풍부하게 갖추어져 있다.

카카오톡에 든 개인의 읽을거리와 유투브의 자극적인 이야기나 카스토리의 톡톡 튀는 볼거리도 필요하겠지만, 그것들은 한순간의 말잔치에 불과할 수도 있다. 종이 책은 읽으면 읽을수록 바다 같은 정보와 태산 같은 지식이 우리들 가슴과 두뇌에 켜켜이 쌓인다. 과학 경제 정치 인문학 부동산 등 연구서적도 전시돼 있다. 우리 단지에 살고 있는 주민들이 '도서대여카드'를 발급받으면 일주일에 세권의 책을 빌려다 읽을 수 있다. 시간의 부재로 일주일 내에 다 읽지 못한 책은 도서관에 들고 와서 컴퓨터에 입고 클릭을 한 뒤 다시 빌려가도 된다. 슬리퍼를 신고도 찾을 수 있는 지식의 전당이 아파트 단지 내에 있다는 건 입주민들은 엄청난 혜택을 받는 셈이다.

나는 2013년 말 광교신도시 광교마을 사십 단지에 입주했고 옆집에는 입주하지 않아 매우 적적할 때였다. 이십육 층에 살고 있는 터라 집을 나서면 으레 엘리베이터를 타야하고 습관처럼 게시판을 보게 된다. 그날 공고문 중에 유난히 시선을 끄는 글귀가 있었다. '사이좋은 도서관에서 자원봉사 하실 분을 모십니다'

도서관은 비교적 지성인들이 들락거리는 곳이니 좋은 이웃을 만날 것 같은 예감이 들었다. 그 길로 도서관으로 향했다. 나이가 지긋해 보이고 체구가 넉넉한 남자분이 나를 바라보며 의외라는 표정을 지었다. 나는 도서관에 온 이유를 밝혔다.

"저는 책을 좋아합니다. 자원봉사를 할 수 있을까요?"

그분은 경상도 사투리를 쓰고 있었고 내게 이렇게 말했다.

"뜻있는 젊은이들이 뭉쳐 도서관을 운영하려고 하는데 나이가……!"

"봉사하는데 젊고 늙음이 문제가 됩니까? 제 나이 육십칠 세입니다. 건강하고요."

그분은 난처한 표정을 지은 채 도서관장을 맡은 박OO이라며 자신을 소개했고, 도서위원들과 상의를 해서 답변을 주겠다고 말했다.

며칠 후 처음에 면접했던 박 관장한테서 함께 일하자는 전화를 받았다. 고등학교 교감으로 정년 퇴임한 박 관장과 유명회사에 재직 중인데 일 년 육아휴직 기간인 권 회장, 전업주부인 조 부회장 양 총무 등 열여섯 명으로 구성된 자원봉사 위원단 중 일원이 되었다. 일 년 뒤 박 관장의 주선으로 '도서관사서'로 공공일자리까지 얻었으니 봉사하러 왔다가 행운을 잡은 셈이다.

도서위원들의 엄선된 계획과 열의로 연말엔 단지 내 독거노인을 위한 김장봉사와 청소년 장끼자랑 시 낭송회, 초등학생들과 학부모가 함께 만든 연날리기 등 축제를 벌이기도 했다. 그 축제 마지막엔 우크렐라반의 합주로 분위기는 최고조가 됐다.

또 집안에 두고 쓰지 않는 물품을 교환하는 장터도 열었다. 한 달에 한 번 영화감상의 날도 마련해서 온 가족이 도서관으로 모이는 시간도 만들었다. 사이좋은 도서관은 입주민이면 누구나 함께할 수 있는 소통의 장소였고 문화의 전당이었으니 그야말로 이름값을 톡톡히 한 셈이다.

모든 인간사엔 반드시
'호사다마'란 달갑지 않은 단어가 따라붙는다.

그 일은 꿈에도 생각지 못한 박 관장의 별세였다. 평소에 건강을 과시하던 분이었고 수영과 자전거타기 호수 둘레길 걷기운동으로 체중을 칠 킬로나 감량했다고 자랑스러워했던 분이다. 집안일도 미루고 도서관을 위해 봉사하며 노후생활로 '도서관장'이란 수식어가 붙은 명함을 새긴 것이 가장 보람 있다고 말했던 분이었다. 급성폐렴으로 별세한 뒤 도서위원뿐만 아니라 관리소 직원들이나 그분을 알고 있던 입주민들의 충격은 매우 컸다. 도서위원들의 뜻을 모아 감사패를 새겨두고 가을 축제 때

전달식을 하기로 계획했던 터라 더욱 안타까웠다.

찬바람이 윙윙 불던 초겨울 어느 날 키가 훤칠하고 인물이 좋은 임산부가 남산만 한 배를 안고 도서관을 방문했었다. 태어날 아기의 육아지식을 얻기 위해 책을 고르겠다고 들른 거였다. 인물이 유난히 좋아 기억에 남았던 임산부가, 어느 날 아장아장 걷는 딸아이를 앞세우고 아기 엄마가 되어 도서관에 놀러온 것이다. 새 생명의 탄생을 축하해 주고 간식으로 지니고 있던 초콜릿을 선물했다. 아이는 엄마가 읽어주는 동화를 들으며 잠들기도 하고, 소리 나는 책에서 닭이 우는 소리를 듣고 깜짝 놀라 잠이 깨기도 했다. 따뜻한 온돌 유아방에서 놀다가 집으로 돌아가는 길에 아이가 배꼽인사를 했다. 눈물겹도록 감동스러웠고 내가 맡은 일에 큰 자부심을 느끼던 순간이었다.

문인들이나 친구들 모임에서 도서관 사서로 일하는 것에 대해 자랑스럽게 얘기했다. 일부 문인들은 내게 비아냥거리듯 물었다.

"칠순이 넘으니 눈이 침침해 글쓰기도 힘든데 월급쟁이를 왜 하셔?"

나는 당당하게 말한다.

"쾌적한 환경에서 마음대로 책을 읽지요. 주민들과 소통하고 학생들의 봉사활동을 도와주고요. 아기 엄마를 잠시라도 쉬게 해 주려고 동화를 들려주기도 합니다. 무명작가들의 작품을 두루 소개해 주고 나만의 수입이 창출되는 곳이니 일석육조一石六鳥가 아닙니까?"

적으나마 연봉이 생긴 지도 어언 오 년 차다. 열심히 일하고 받는 수입은 해마다 진행되는 계간문예 해외문학기행비로 쓰인다. 효심이 지극한 자녀들은 매달 적정한 생활비를 보내오지만 여행비까지는 손을 벌릴 수가 없다.

도서관을 오픈한 지 오 년 여, 도서관장격인 조 회장과 김 부회장과 양

총무 등 도서위원들의 합심으로 색이 바랜 벽에 페인트를 발랐다. 고급 책장 책상 의자를 들여와 조화롭게 배치하니 이전보다 럭셔리한 분위기로 환골탈태했다.

연구서적을 비롯해 문학작품 번역도서 신간 만화에서 유아반 소리 나는 책까지 꽤 알찬 신간 서적들이 현재도 책장을 채워간다. 그 모든 것은 자비自費를 내고 봉사하는 도서위원들과, 수원시청과 관리소의 물질적 뒷받침이 있었기에 이루어진 것이다.

우리 아파트 단지 뒤 야산엔 '번암 가족공원'이 있고 정면엔 광교 호수가 자리 잡고 있으니 배산임수背山臨水다. 집터가 좋아서인지 우리 단지엔 유난히 어린아이들이 많다.

그 곱고 해맑은 아이들이 맘껏 뛰어놀고 책 읽고
엄마들도 취미활동을 하며 이야기보따리를 풀어놓는 곳,
사이좋은도서관을
광교 신도시의 명당이라고 자랑하고 싶다.

2019년 벚꽃망울이 터지려는 초봄에 쓰다.

노숙자와의 동행

입김이 코끝에 얼어붙던 그해의 마지막 날, 손님도 일찍 끊기고 퇴근 시간이 임박해 가게 문을 막 나서는데, 보라공주가 유리문을 살며시 열고 청했다.

"애기 엄마, 나 오늘 하룻밤만 댁에서 재워 주구려. 딱 하룻밤만."

처음으로 하는 난감한 부탁에 나는 적잖이 당황했다.

건물 임대업을 실패하고 살길이 막연했던 지천명知天命 중반에, 안국역 '사랑의 꽃집' 에 취업했다. 결혼 후 처음으로 직업 전선에 나온 탓에 혹여 아는 이라도 만날까 창피하고 두려웠다.

꽃을 꽂거나 리본을 접는 시간 외엔 시선을 어디에 둘지 모르던 나는, 가게 앞 팔각형 '쉼터' 에 앉아 지긋한 연세답지 않게 단아한 자태로, 신문을 펼쳐 든 할머니 한 분을 발견했다. 그 의자엔 키가 무척 크고 영화배우처럼 잘 생긴 젊은 남자와, 안짱 걸음을 걷는 키 작은 할머니 등 네 명의 노숙자가 있었는데, 보라색 스웨터를 입은 그 할머니는 친정 이모처럼 다정스럽게 다가왔다. 단정하게 빗은 머리에 은비녀를 꽂은 그분은 누가 보아도 노숙자 같지 않아서 나는 '보라공주' 란 애칭을 붙여드렸다.

7시까지 출근을 하려면 아침을 굶을 때가 다반사다. 가게 정리가 끝나는 11시 쯤, 바로 위층에 있는 빵집에서 단팥빵 두 개를 사다가 그분께 하나를 나누어 드리면, "돈 버는 사람은 먹어야 하지만 나 같은 실업자는 굶어도 된다."라고 말로는 사양을 하면서도 얼른 받아 든다. 지하 3층에 있는 직원 구내식당에 모시고 가서 점심식사를 대접하면 "다음엔 내가 살게."하며 호기를 부리기도 했다.

비가 오는 날이면 평소와는 전혀 다른 모습을 보인다. 어디다 감추었다 꺼냈는지, 연보라색 비단에 공작새 두 마리가 수 놓인 한복을 곱게 차려입고, 안국역 상가를 휘돌면서 패션쇼를 벌인다. 상인들이 보라공주의 귀여운 변신에 큰 박수를 보내면, 그 박수에 답례라도 하는 듯 마지막 멘트를 날린다. 넓은 상가가 쩌렁쩌렁 울리도록,

"나도 한 때는 잘 나가는 전라도의 유명한 요정 사장이었어. 고관대작 몇 놈이 선거자금 한다고 돈을 빌려달라기에 줬더니, 금배지 달고는 나를 모르는 척하고, 찾아가면 만나주지도 않아서 재판을 하다 보니 여기까지 왔어. 요 바로 위가 헌법재판소잖아? 언제라도 내 아까운 재산 꼭 찾고 말 거야."

꽃 장사는 계절에 민감하다. 졸업식이 있는 2~3월이나, 인사동에 전시회가 많이 열리는 늦가을에는 비교적 호황을 누린다. 비수기에 가게 문을 닫았다가, 계절이 두 번 바뀐 다음 만난 보라공주는 옛 모습이 아니었다. 봉두난발에 얼굴은 잿빛으로 변했고, 눈동자도 초점이 풀린 채 복수

가 찼는지 배는 남산만 했다. 미화원 아주머니의 말을 빌리자면 '그 할머니가 쓴 화장실 청소를 할 때면 변기에 선혈이 낭자했다'고, 아마도 큰 병에 걸리신 것 같다며 혀를 찼다.

네 시쯤 꽃 판매대금을 회사에 송금하고, '꽃다발 포장이 흡족하다'며 손님이 주고 간 5천 원짜리 한 장이 앞치마 주머니에 남아 있었다.

차디찬 보라 할머니의 손에다 그 돈을 꼭 쥐어드리며 차마 하고 싶지 않은 말을 기어이 하고야 말았다. "남산동 어디쯤에 쪽방이 있답니다. 이 돈이면 하룻밤을 유숙할 수가 있대요."

낙후된 빌라 지하에 불법으로 개조된 3평짜리 방 한 칸이 우리 부부의 거처다. 전기장판 한 장의 온기로 긴 겨울을 나야 하는데, 지난여름 중랑천이 범람해 천정 가까이까지 물이 차는 바람에, 누전이 두려워 벽에 있는 콘센트를 쓸 수가 없다. 젖은 방바닥에 스티로폼 두 장을 깔고, 아파트에 살 땐 덮지도 않았던 목화솜 이불에만 의지해 뇌경색으로 거동이 불편한 남편과 함께 겨울을 나야 했다.

"딱 하루 밤이면 돼. 내일이면 나도 갈 곳이 있어."하면서 막무가내로 나를 조르던 그분의 모습이, 방안 곳곳 눈을 돌리는 데마다 박혀 있어 나는 끝내 잠을 이루지 못했다.

다음 날은 여느 때보다 일찍 출근했다. 인근에 있는 설렁탕집에 모시고 가서 뜨거운 국밥을 대접하고, 목욕탕에 들러 때를 밀어드려 깨끗해지면 집으로 모시고 보건소에 들러 건강검진도 받게 해 드려야겠다는 생각을 하니 마음이 조급해진다. 반성과 참회를 거듭하며 자주 머무는 화장실로, 지하 구내식당까지 찾아봤지만 그날 이후에 보라공주를 본 사람은 아무도 없다.

혹여 도피안으로 향하는 길을 나의 품으로 생각하지는 않았을까, 그 한순간이라도 춥고 배고프지 않게 해 줄 사람이 '꽃집 아줌마' 라는 생각을 했던 것은 아닐까. 온갖 생각이 머리를 어지럽힌다.

간밤에 내가 한 일이 얼마나 혹독한 일이었는지 누구에게도 발설할 수가 없다. 그 말을 입에 담는 순간 하늘에서 날벼락이 떨어져 나를 칠 것만 같다.

벼룩시장을 통해 취업한 안국역 사랑의 꽃집에서, 제일 먼저 만난 분이 보라공주였고 날마다 얼굴 보며 안부를 묻던 동행자였는데, 너무나 쉽게 그분의 손을 뿌리친 자신이 한없이 미웠다.

가끔 '정부에서 제공하는 시설에라도 의탁하실 것' 을 내가 권하면 '내 돈 떼어먹은 놈들 밑에 절대로 안 들어간다' 며 고집을 부리던 그분의 가슴속의 한을, 제대로 한 번이라도 들어 드렸더라면 오늘 이토록 가슴을 치지 않아도 되지 않았을까.

몇 년 전, 남편의 퇴직금과 갖고 있던 아파트를 처분해 127평짜리 상가주택을 건립했었다. 살림집 세 곳, 상가 세 곳에서 나오는 월세로, 안락한 노후를 보낼 생각에 우리 가족은 부풀어 있었다. 경찰관 정복 속에서 30년을 보호받던 남편이, 바깥세상으로 나와서 처음으로 마주친 사람은, 퇴직공무원들만 골라 사기를 치는 전과 3범이었다.

삶의 끝자락에서나 찾는 헌법재판소, 세 번의 '패소' 라는 고배를 들고도 그 언저리를 떠나지 못하던 보라공주, 내가 보호하지 못한 두 사람의 고통을, 끝까지 안고 가야 하는 자신의 어깨에 멍에가 무겁다. 한숨소리도 얼어붙을 것 같던 그날 밤, 내가 드린 5천 원을 들고 어디로 향했는지, 보라공주의 마지막 행보를 나는 지금도 모른다. 다만 돋보기 너머로 신문을 읽던, 그 단아한 모습만이 내 가슴속에 영정影幀 사진처럼 존재하고 있을 뿐이다.

개성에서 온 남자

개성에서 온 남자가 날이 밝으면 제일 먼저 하는 일은, 거실 북쪽 벽에 걸린 가족사진을 바라보며 고개를 숙이고 기도를 하는 일이다

비단치마저고리를 입은 이십대의 앳된 아내가 작은 아들을 안고 뒷줄에 섰다. 앞줄 의자에 앉은 아버지는 통영갓을 쓰고 명주 두루마기를 입어 부티가 난다. 옆자리엔 은비녀가 돋보이는 어머니가 세 살배기 첫 손자를 안고 있다. 검정 양복을 입고 같은 색 넥타이를 맨 그는 아내의 옆에 섰다. 양지바른 사랑채를 배경으로 찍은 흑백 가족사진 액자가 그의 기도문이자 가보家寶였다.

그는 외아들이다. 보모님은 외아들한테서 하루속히 후손을 얻기 위해 서울상대 이학년에 재학 중인 아들을 서둘러 결혼시켰다. 소원대로 연년생으로 아들 손자 둘을 얻었으니 세상에 부러울 게 없었다.

그의 아버지는 개성인삼을 남쪽에다 도매하고, 대구에서 비단을 대량으로 구입해가는 개성상인이었다. 그로 인해 엄청난 재산을 축적했고 물

질적으로나 가족구성원으로나 부족함이 없었다.

그렇게 평화로운 생활을 하던 중 꿈에도 생각지 못했던 육이오 참사가 일어났다. 개성에 있는 인삼가게는 아버지가 맡기로 하고 청계천에 임시로 마련된 비단 도매상은 아들인 그의 몫이었다.

전쟁은 한 치 앞을 내다볼 수 없었다. 일사 후퇴가 있은 뒤 남과 북이 갈라지는 바람에 연락마저 끊겼다. 이제나 저제나 전쟁이 끝나길 기다렸지만 끝내 삼팔선이 막힌 채 휴전협정이 성사되었다.

이 얘기는 40~50시절 이야기다. 내 친정 이모와 그와 외할머니의 구전口傳과 내가 보고 느낀 진실을 토대로 쓰고 있다. 그는 내 이모와 사실혼 관계를 맺고 있었지만 내 입으로 '이모부' 라고 불러본 적은 없었다. 그와 할 말이 있을 때는 이모를 통해서였다. 두 사람은 '계약 결혼' 을 했다고 외할머니를 통해 들었다. 명석한 두뇌를 가진 남자, 철저한 이기주의자이면서 현실주의자인 그가 내세운 결혼 계약조건은 이랬다.

1) 한 지붕 아래 살되, 혼인신고는 하지 않는다.
2) 아기를 낳을 수 없는 것이 천해의 조건이다.
3) 생활비는 각자 부담한다.
4) 남북통일이 되는 날 곧바로 이별한다.

이모는 아기를 낳지 못해 초혼에 실패한 여인이다. 그는 그 점이 맘에 들었고, 이모는 서울대학을 졸업한 하이칼라와 함께 사는 것만으로도 영광이었다. 초등학교를 졸업한 자신의 처지를 생각하면 하늘같은 낭군이었다.

그가 가르쳐 준 방법대로 개성만두를 빚었고 개성 보쌈김치도 담그고 연탄도 배달원의 손을 빌리지 않고 자신이 날라다 땠다. 그 모든 불편함은 이모가 삯바느질로 번 돈이기에 쓰기가 아까워서였다. 하늘같은 남편과 한 이불 덮고 같은 밥상에 마주하는 것도 영광이라고 생각했다. 꽤 크고 무거운 금고에 돈이 가득 쌓인 걸 자신의 눈으로 보았다면서도 냉장고도 들여놓지 않았다. 고무 대야에 얼음덩이를 사서 머리로 이고 날랐다. 연탄아궁이가 잘못돼 가스냄새가 코를 찔러도 수리비가 아까워 고치지 않았다. 과로와 열악한 환경 때문이었을까! 이모는 그만 유방암에 걸려버렸다. 돈이 아까워 제때 치료를 받지 못해 임파선으로 전위됐고, 목 부위에 일 킬로가 넘는 암세포가 매달려 밥을 넘기지도 못했지만 그는 이모를 병원에 데려가지 않았다.

그렇게 힘겨운 암과의 투쟁을 벌이던 이모는 삼 년을 넘기지 못한 채 숨을 거두었다. 우리 외가댁에서는 바보처럼 살고 있는 이모를 아무도 챙기지 않았다. 자매지간인 내 어머니만 애틋해했지만 어머니의 생활도 녹녹지가 않아 언니를 보살필 처지가 아니었다.

이모와 내가 소통하는 사이라는 걸 알고 있는 그는 이모의 장례식을 치른 다음 날 나를 불렀다. 이유는 이모의 패물을 내게 넘겨줬는가를 캐기 위해서였다. 나는 사실대로 모른다고 말했고 집에 두고 온 아이들 걱정에 그 집을 나와 버렸다. 그는 다음 날 내게 전화를 걸어왔다. 패물을 찾았다는 것이다. 나는 알고 싶지도 않아서 어디에서 찾았냐고 묻지도 않았다. 그는 가장 비열한 목소리로 말했다.

"다락방 천정에 도배자국이 있어 거기를 찢었더니 패물이 든 주머니가 툭 떨어지더라."

그 말을 듣는 순간 그의 얼굴을 허공에 그려놓고 침이라도 뱉어주고 싶은 걸 꾹 참았다. 내 입에서 나갈 침도 아까워서였다.

그는 이모를 화장터로 운구한 지 딱 사흘 뒤에 허술하고 오십대로 보이는 여인을 데려왔다. 그날은 이모의 삼우제를 지내느라 남편과 나는 그 집에 가 있었다. 그와 그의 누이와 이 집에서 살겠다고 들어온 여인이 들을 수 있을 정도로 큰소리로 혼잣말을 했다.

"저 여인도 내 이모처럼 노예생활을 하겠구나!"

그의 누이는 내게 들으라는 듯 말했다.

"이전 여자(이모)는 삯바느질로 돈도 잘 벌었는데, 이 여자는 남의 집 식모로만 돌아쳐서 음식을 잘 만든다는군."

그 여자는 이모가 시한부 삶을 살고 있을 때부터 물색해 놓은 여인이었던 것 같다. 차마 집안에 들이지만 않았을 뿐이었던 게 틀림없다. 그 여인의 노예생활은 언제까지 어떻게 이어질지 몰라 짠했다.

자신의 가족을 지키고 자신을 아끼는 것까지 누가 말리겠는가. 그렇다고 무지하고 순수한 여인을 노예처럼 부려먹고 암환자를 병원 치료도 제대로 받지 못하게 한 개성에서 온 남자! 자신이 삯바느질로 번 돈으로 쌀 사고 개성보쌈김치 담그고 개성만두 빚어 바친 정성이 아까워서 눈물도 나지 않았고 악에 바쳐서 그를 저주했다.

옥양목에 찹쌀 풀을 먹여 다듬이질을 해 바스락거리는 호창 씌운 이부자리에 그 큰 키를 누일 때 얼마나 상쾌했을까? 그것도 모르는 남자를 이모는 왜 좋아했을까.

이데올로기보다 무서운 그 남자의 나르시시즘을 이모는 왜 끝내 알아보지 못했을까. 온갖 의문이 내 가슴을 부서지도록 치게 한다.

개성에서 온 남자 박OO, 언제 어디에서도 그런 사람을 만나고 싶지 않다. 돌아가신 이모가 살아오신다 해도 그 남자와 함께 있다면 결코 만나지 않을 것 같다.

신분당선 개통

광교 호수에 내려앉은 청정한 저 하늘과 은빛날개를 활짝 편 여객기와 나와의 거리가 망원경 속에서 오늘은 최대한 좁혀졌다. 그 간격을 좁혀 놓은 누군가가 바람의 신이어도 좋고, 연금술사의 능력이라도 오늘만은 믿고 반기리라. '상현역' 으로 향하는 나의 발걸음에 날개가 돋친 날이기에……!

지난 화요일도 또 그 전주일도 내가 가고자 하는 목적지, 소설 강의실까지는 멀기만 한 거리였다. '빨간 버스' 라는 속어를 가진 광역버스를 타고 거처인 광교신도시에서 출발한다. 상현 수지 성남을 거쳐 제삼 한강교를 건너서, 남산 제일 호 터널은 물론 청계천을 지나서야 종로 이가에 도착한다.

배움을 위해 배워서 소설을 쓰기 위해 쓴 것을 발표하고 독자들과 만나기 위해 나는 매주 화요일마다 그 일을 해낸다.

집으로 돌아올 때는 조계사 세종문화회관 서울역 숭례문 명동을 휘돌아 수원에 오기까지 삼십칠 개의 정류장을 거친다. 남산 일 호 터널을 통과하고 제 삼 한강교를 건너 경부고속도로를 통과한다. 늘 지루하고 허리가 내려앉는 고통을 감내해야만 했다.

조선왕조 이십이 대 정조대왕께서는 아버님인 사도세자의 능 참배 길을 트기 위해, 광화문에서 백리 길인 수원성을 '어명팔십리御命八十里로 정해버렸다. 군주君主는 궁에서 백 리 밖을 나가지 못한다는 조선시대의 법칙을 스스로 깨버린 것이다. 아버지인 사도세자의 능 참배를 위해 만든 효행길이기에, 백성들도 순탄하게 받아들였으리라.

그런 팔 십리 길이 왜 나에게는 백리 길보다 멀게만 느껴졌을까. 수업이 있는 날마다 나의 손에는 A4용지 16-17매의 무게가 들려진다. 각 신문사의 신춘문예 작품이 주를 이루고, 이메일로 보내오는 동문들의 단편소설 복사본도 무게를 더한다.

광역버스를 탈 때마다 멀고도 지루한 시간을 죽이기 위해 잠을 청한다. 밤에는 불면일 때가 더러 있는데 버스를 타면 용케도 눈꺼풀이 내려앉는다. 버스 안에서 일어나는 일을 귀로 들으면서 가면 휴식에 빠진다.

집에서 출발하여 종로에 있는 강의실을 왕복하면 이백 리 길이다. 좌석버스를 기다리는 시간부터 집에 도착하기까지의 시간은 다섯 시간이 족히 걸린다. 그 거리에 프로모션 게임장이 있거나 사행심을 조장하는 경마장이 있어도 거들떠 보지도 않았을 것이다. 친한 친구가 살고 있거나 시댁 어른들이 살고 계셨어도, 선뜻 방문하기 힘든 거리였다. 천리天理를 목전에 둔 내 몸이 움직이기엔 그토록 먼 길이었다.

소설의 삼대 요소인 묘사와 대화와 줄거리를 익히기 위해서는 독서와 사색과 삶의 현장에서 얻어지는 지식을 갖춰야 한다. 독자들의 마음의 문을 열고 그 속으로 들어가 내가 남길 이야기를 들어줄 사람을 찾기 위해 나는 매주 화요일이면 강행군을 하는 것이다. 때로는 강의실인 팔층에 가기 위해 엘리베이터를 기다리다가, 지인의 유혹에 빠져 민생고부터 해결하느라 수업에 빠진 적도 있다. 그 날 수업에 불참한 일로 인해 다음 수업 땐 더 많은 노력이 필요했다. 학창시절, 그 해맑았던 감성으로 독서량을 늘렸더라면 얼마나 좋았을까.

'지갑은 열고 입은 다물라'는 노년의 행동강령을 누가 만들었을까! 나는 언젠가부터 누가 언제 만들었는지도 모르는 노년의 행동강령을 지키며 내적 풍요로움을 즐긴다.

국어시험문제를 붙들고 고심하며 학교 성적 올리기에 급급했던 학창시절이 한없이 그리워진다. 참고서에 열거된 문제와 해답을 외우던 그 시절엔 왜 그토록 공부가 싫고, 수자네 동네(아현동 꼭대기)에 있는 '베니스 빵집' 생각만 머릿속에 가득했을까. 그때부터 한 수레의 책을 읽었더라면 퇴계 이황 선생의 먼발치에라도 서 보지 않았을까.

현재 내가 추구하는 문학은 내 인생의 마지노선이다. 글을 쓰지 않으면 불안하다. 할 일을 미루고 있는 초조감에 휩싸여 손이 떨리기도 했다. 막상 글을 쓰려고 컴퓨터 앞에 앉으면 숨이 막히고 가슴이 옥조여 온다.

오늘은 상현동 거리가 북적인다. 늘 한산하기만 했던 이 길이 어른 아이 할 것 없이 쏟아져 나와 역세권에 사람 천지다. 거대한 장승처럼 서 있는 아파트에 이 많은 군상이 살고 있었단 말인가.

상현역에서 내 집까진 두 개의 버스정류장을 거친다. 다리가 아플 땐 꽤 먼 거리였기에 걷는다는 건 생각지도 않았다. 짐을 들었을 때는 택시라도 부르고 싶은 거리다. 오늘은 모두들 걷는다. 나도 그들 속에 있다. 그토록 멀게 다가오던 집과의 거리가 이토록 짧아지기까지 우리는 장장이 년을 기다렸다. 새 아파트를 분양받을 때의 조건은 입주와 동시에 신분당선 개통이었다. 그동안 어쩐 일인지 공사는 진척되지 않았고, 불편함으로 다가오는 일들은 한두 가지가 아니었다. 그 와중에도 주민들은 전철역 이름을 놓고 눈에 보이지 않는 암투를 벌였다.

자신들이 살고 있는 동네 이름을 따서 '상현역'으로 하자는 용인 사람들이다. 도로 하나를 두고 수원에 거주하는 광교 사람들은 호수 이름을 따서 '신대역'이라는 이름을 걸었다. 컴퓨터에 매달려 줄다리기 끝에 자신의 동네 이름대로 '상현역'이 됐다며 어깨춤을 추던 여류 수필가 G선생의 모습이 떠오른다.

이천십육 년 이월 칠일에 개통이 된다던 신분당선이 팔일이나 앞당겨 일월 삼십일에 개통됐다. 사거리 동서남북에 기관장들의 축하 현수막이 펄럭였다. 부동산이나 매물 상가 광고 현수막도 판을 쳤다. 그네들의 상혼은 시민들의 정보통신을 앞질렀고, 우리는 언제나 그들의 알림에 적응해야 했다.

개통 첫날에 첫차를 타겠노라고 미리 맘먹고 있었다. 정작 당일 날 눈을 뜨니 AM 일곱 시 사십 분이다.

'첫차를 타는 첫 손님에겐 축하의 장미 한 송이라도 들려지지 않았을까. 그 장미꽃을 받으려면 값을 치러야할 것이다. 내가 지닌 장애인 승차권을 찍으면 공짜 손님이 될 테니 일반 교통카드를 찍어야겠지'

온갖 상상을 했는데 개통 이전의 계획이 허무하게 날아가는 순간이었다.

상현역에서 에스컬레이터를 타고 일 번 출구로 나와 그 길로 일 킬로미터를 걸으면 우리 동네다. 잰걸음으로 신호를 받지 않고 걸으면 칠 분 거리다. 쉬엄쉬엄 길손과 함께 얘기하며 걸어도 십오 분 거리다. 막연하게 내년이면, 또 내년이면 개통된다던 그날이 바로 오늘인 것이다.

3/4분기 소설 수업 삼 학기가 지나도록 타고 다녔던 빨간 버스가 오늘은 도로 위에 버려진 커다란 짐짝처럼 보인다. 인간의 간사함을 내 속에서 발견하며 혼자서 쓴웃음을 지었다.

환승 없이 한 코스에 갈 수 있어 무척이나 소중했던 5500번, 5500-2번 좌석버스였다. 그 버스를 타고 강의실로 달려가던 설렘은 이제 역사 속으로 사라졌다. 신분당선 개통으로 인해 삼십 분 앞당겨 도착할 강의실 모습이 정겹게 다가온다.

2016년 마지막 날에.

임산부 배려석

사대육신이 멀쩡한 젊은 남자가 듬성듬성 빈자리를 두고, 핑크색으로 표시한 '임산부 배려석'에 철퍼덕 주저앉는다. 주변의 따가운 시선이 그리로 쏠렸다. 만약 노약자가 그 자리에 앉았다면 그토록 동시에 시선이 몰리지는 않았을 것이다. 남자는 주변의 시선을 아랑곳하지 않고 기다란 양다리를 있는 대로 뻗고는 흔들기 시작한다. 어찌나 요란하게 흔드는지 맞은편에 앉은 내 다리도 떨리는 것 같은 착각이 든다.

남자 쪽으로 향했던 승객들의 시선이 어느새 제 자리로 돌아갔다. 승객들은 못마땅한 표정으로 휴대폰을 들여다보거나 눈을 감아버린다. 남자의 다리는 시간이 흐를수록 훨씬 높은 강도로 흔들린다. 마치 '누구든 나를 건드려만 봐, 걷어차 버리겠어' 하는 식으로 비친다.

다음 역에서 올라탄 승객들은 영문도 모른 채 남자의 다리에 걸려 넘어질까봐 조심스레 빈자리를 찾아 앉거나 다른 칸으로 가버린다.

나는 휴대폰을 보는 듯 위장을 하고 계속 남자를 지켜보고 있다. 아무리 생각을 바꾸려 해도 자꾸만 시선은 그쪽으로 향하고 있다.

남자의 휴대폰엔 어떤 장면이 나오기에 저토록 낄낄거리며 마치 자신의 집 소파에 눕듯 한 걸까. 부자유스러운 자세로도 양다리가 떨리는 걸 보니 기이했다.

압구정역에서 사람들이 우르르 올라탔다. 출입문 옆자리에 있는 임산부 배려석으로 향하던 여인이 남자를 훑어본다. 남자는 처음의 자세 그대로다. 여인이 걸음을 옮기려는 찰나였다. 남자가 별안간에 자세를 바꾸는 바람에 하마터면 다리에 걸려 넘어질 뻔했다. 남자는 곁눈질로 흘깃 그 장면을 보고도 표정 한 번 바꾸지 않는다.

여인은 허리둘레나 얼굴이 까칠한 걸로 보아 임산부임에 틀림없다. 여인은 새빨개진 얼굴로 사람들 틈을 비집고 다른 곳으로 가버렸다.

허리가 구부정하고 바싹 야윈 노인 한 분이 임산부 배려석으로 다가갔다. 남자가 흔드는 다리를 보더니 혀를 차며 왔던 길로 돌아 가버렸다.

동대입구역에서 사람들이 우르르 내렸다. 남자는 여전히 휴대폰에 시선을 박고 낄낄대고 있었다.

임산부는 정해진 자리에 앉아야 마땅하다. 겉으로 드러나지 않는다고 힘들지 않은 건 아니다. 오히려 만삭에는 아기도 제자리를 잡은 상태고 사람들이 알아보고 챙겨주는 경우가 많아서 걱정이 덜하다.

임신초기에는 입덧으로 인해 잘 먹지 못하니 체력이 달릴 수 있다. 그럴 때를 대비해 마련한 '임산부 배려석' 이 아닌가.

승객들은 용케도 남자의 다리를 피해 오르고 내릴 뿐 아무도 그 남자를 탓하거나 나무라지 않았다. 나 또한 남자와 마주 앉아 있으면서도 불평 한 마디 못하지 않았던가!

며칠 전 만삭의 임산부가 다리를 꼬고 지정석에 앉아 이어폰으로 남편과 통화하는 장면을 목격했다. 앳되고 건강해 보이는 그 임산부가 앉은 자리가 환하게 서기가 비쳤다. 숱하게 전철을 타고 내렸지만 그날처럼 아름다운 장면을 만난 적은 없었다. 참으로 예쁘고 당당하던 임산부는 틀림없이 건강한 아기를 출산할 것이다.

가임기의 여성이 그 자리에 앉았을 땐 눈에 띄지만 않을 뿐 뱃속에 품은 아기가 있으리라 짐작하고 고운 시선으로 바라봐 주자.

불과 십여 년 전만 해도 겨울이 지나고 봄이 오면 임산부들이 아이들을 데리고 놀이터에 나오는 걸 흔히 볼 수 있었다. 지금은 임산부를 만나기가 하늘의 별따기다.

내가 근무하는 도서관에 아기의 손을 잡고 책을 읽으러 오는 주부들이 많다. 그들 중 몇 명은 딸 하나를 낳아 기르는데도 먹이고 입히고 유치원 교육비까지 엄청난 돈이 지출된다며 힘겨워했다.

최근엔 열 살 미만의 아이들이 있는 가정에, 정부에서 매달 육아교육비 십 만원씩 지급하고 있다. 내가 아이들을 키울 땐 상상조차 못 했던 일이다. 이렇게 자식 키우기 좋은 세상이 도래했는데 무엇이 두려워 귀하고 보배로운 자손 낳는 걸 두려워할까!

양재동 꽃 시장에서 생화를 한아름 구입해 그러안고 지하철에 올랐을 때다. 만원인 열차 속에 빈자리 하나가 눈에 들었다. 이게 웬 떡인가 하고 얼른 앉았다. 짐을 추스르고 주변을 둘러보니 임산부 배려석이다. 그때부터 좌불안석이었다. 일어설 공간이 없을 정도로 손님으로 들어찬 열차 안에서 이러지도 저러지도 못한 채 불안한 자세를 취하고 있을 때다. 때마침 옆자리 손님이 일어섰다. 내심 반가웠다. 얼른 엉덩이를 빈자리로 옮겼다. 나도 모르게 "휴 우" 하고 한숨까지 쉬었다.

이천오십 년대엔 우리나라에 '인구절벽' 이 도래할 것이라고 매스컴을 통해 들었다. 국가경제가 발달하고 행복지수가 높아져도 미래에 나라를 끌고 갈 젊은이가 없으면 무슨 소용이 있겠는가.

사 남매를 낳아 기르고 공부시킬 때가 생애 최고로 행복했던 시절이었다. 저녁때가 되면 한 명 두 명 책가방을 들고 현관문을 들어선다. 그 시간은 온 집안이 보람과 행복으로 가득 찼었다. 세상 무엇과도 바꿀 수 없었던 그 시절을 돌이켜 보며 행복에 젖어드는 시간이 많아졌다. 나이든 탓이리라.

설날도 지나고 대보름도 지나 겨울이 끝나 간다. 젊은 부부들이 지난 겨울 기나긴 밤에 뿌린 사랑의 씨앗이 잉태되었기를 빌어 본다. 오는 봄엔 임산부들이 구름처럼 지하철에 올라 임산부 배려석뿐만 아니라 일반석까지 가득 채워주기를 소망해본다.

목적지가 인사동이라 안국역에서 내려야 한다. 저 남자의 가는 곳이 어딘지 나는 모른다. 다만 남자가 나보다 먼저 내리는 걸 보고 싶다. 그건 내가 내린 다음에 어떤 사건이 일어날지 염려되기 때문이다.

임산부 배려석에 앉아 무언의 행패를 부리던 남자가,
지하철엔 얼씬도 못할 그날을 기대해 본다.

경로 우대석

매주 목요일이면 지하철 일 호선을 타고 Y백화점 문화센타로 수필공부를 하러 간다. 내겐 그곳이 배움의 터전이고, 동인들을 만나 문학에 대해 토론할 수 있는 소중한 날이기도 하다.

구로역과 애경백화점의 연계가 용이해 맨 앞 칸에 올랐다. 때마침 출근시간과 맞물려 일반석은 이미 만원이다. 평소에는 눈길조차 주지 않았던 노약자석 빈자리마저 빼앗길까봐 얼른 가서 앉았다.

오래 전 교통사고로 다친 오른쪽 무릎 '반월상연골' 제거수술을 받았다. 날씨가 흐리거나 원행을 한 날은 통증이 심해 숙면을 취하지 못한다. 간밤에도 불면으로 뒤척이다 수술한 뼈가 탈골이 되었다. 그로 인해 다리에 힘이 빠져 회룡역 계단을 오를 때 비지땀을 흘렸기 때문이다.

수업에 임할 내 작품 '부산갈매기' 원고지를 꺼내서 읽고 있을 때였다. 창동역에서 내 또래의 아낙네 여섯 명이 우르르 올라탔다. 등산복 차림의 아낙들이 나누는 대화로 보아서는 환갑여행을 떠나는 걸로 보였다.

나도 금년이 환갑인지라 그 아낙들의 대화가 예사롭지 않았다. 내심 그녀들이 부럽기까지 했다.

남편이 중환자라 여행은커녕 가까운 딸들 집에도 마음대로 못 가는 내 신세가 비교가 된다.

읽고 있던 작품을 접어 가방에 담아놓고 눈을 감아버렸다. 오늘 수업할 내 작품의 무대인 해운대 앞바다에서 유유히 날고 있을 흰 갈매기를 떠올렸다. 수필 속에 들어 있는 자유롭고 평온한 갈매기를 비유한 남자의 모습이 클로즈업 된다. 비몽사몽간에 몇 개의 역을 거쳤나 보다.

전철에 오르면서부터 떠들어대던 아낙들의 진부한 수다는 계속되었다. 눈꺼풀은 무겁고 귀가 따가워 "조용히 좀 하세요." 하고 충고라도 한마디 해 주고 싶었지만, 대중교통이기에 꾹 참고 있었다.

그 때였다. 앙칼진 목소리가 들렸다.

"요즘 젊은 X들은 싸가지가 없어, 새파랗게 젊은 것이 자는 척하는 것 좀 봐. 쯧쯧."

나는 눈을 감고 있어 누구를 향해 하는 말인지 몰랐다. '아마 젊은 사람이 경로석에 앉아있고, 노인이 탔는데도 자리를 양보하지 않았나 보다' 고 짐작만 했다. 잠시 후 '내 자리라도 양보해야지' 하는 심정으로 눈을 뜨고 주위를 살펴보았다. 경로석엔 노인들만 앉아 있고 나보다 젊은 이는 없었다. 그 순간 창동역에서 동승했던 아낙네 여섯 명이 동시에 나를 노려보았다. 나는 얼굴이 달아오르고 마치 몹쓸 짓이라도 하다가 들킨 듯 가슴이 쿵쾅거렸다. 그녀들은 내가 눈을 뜨고 자신들을 바라봐 주기를 바랐던 걸까? 자신들보다 젊어 보이는 여인이 눈을 감고 있는 것에 불만이라도 느꼈다는 걸까.

"이제나 저제나 했더니 끝까지 잘도 버티네."

“원고지를 들고 졸면서도 잘난 척하기는 뭐. 쯧쯧쯧!”

그녀들은 나를 향해 집중공격을 퍼붓고는 서울역에서 우르르 내렸다. 나는 어이가 없고 기가 막혀 할 말을 잃었다. 세상에는 큰 소리로 표현하지 못할 섬세한 것들이 참으로 많은데, 그녀들은 삼가해야 할 말을 너무나 큰 소리로 쏟아놓았다. 그것도 상대방에게 대답할 기회도 주지 않은 채…….

나는 처음부터 그녀들의 수다가 싫었다. 내겐 오히려 그 아낙들의 쓸데없이 큰 목소리와 알맹이 없는 대화가 공해였다. 적반하장도 유분수지.

초등학교 시절이었다. 별명이 ‘찔끔이’ 라는 친구가 있었다. 그 친구는 나이 차이가 많은 오빠들 틈에서 툭하면 얻어맞고 울기를 거듭하면서 세수도 제대로 하지 않았다. 얼굴에는 언제나 눈곱이 누렇게 붙어 있어 친구들한테서 왕따를 당했다.

나는 어린 소견에도 그 친구가 울지만 말고 자신의 입장을 조리있게 부모님께 이야기하길 바랐다. 친구들한테도 자신의 뜻을 똑 부러지게 이야기하지 않는 것이 늘 답답하고 안타까워 보였다.

오늘은 내가 속절없이 그 친구 꼴이 된 것이다. 앉은 자리에 연연하지 말고 당당하게 눈을 뜨고 원고지를 읽고 있었더라면, 생각지도 못한 일로 수모를 당하지는 않았을 것 아닌가!

어릴 적 그 친구의 심정이 지금의 나와 같았을까.

운전 중 신호대기에 걸려 브레이크를 밟고 있었다. 내 뒤를 따라오던 택시기사는 신호등을 무시한 채 달리다가 내 차를 덮쳤다. 그 때 다친 무릎 연골을 제거한 후, 지체 5급 장애인 판정을 받고 복지카드까지 소지했다. 지하철이나 비행기 열차를 이용할 때 할인이나 요금 면제 혜택을 받는다. 외관상으로는 정상인과 다를 바가 없는 것이 죄인인 양 의무경찰관들한테 승차권 검색을 받는 게 다반사였다. 그때마다 장애인 복지카드를 보여주면 의경은 거수경례까지 붙이며 미안해했다.

그 아낙들이 서울역에서 내리기 전에 내게 정식으로 물었어야 한다.

"당신 왜 경로석에 앉아 있어요. 나이도 젊은데?" 라고.

자신들이 큰소리로 지껄인 건 생각지도 안하고 눈을 감고 휴식을 취하는 사람한테 욕부터 한 건 아무리 생각해도 이해가 안 된다.

창동역에서 서울역까지는 사십분 거리다.
그 먼 거리를 오면서 일반석이 비기도 했을 텐데
굳이 내 앞에만 서 있었던 이유는 무엇일까.
또 여섯 명이나 되는 일행이 내가 앉은 경로석 하나를 두고
왜 그토록 연연해야 했을까.

어처구니없는 망언까지 퍼붓고 내려버린 연유도 궁금했다.

우리 친정 동기간들은 '동안童顔' 이란 말을 자주 듣는다. 그 여인들 눈엔 내가 환갑나기 노인으로 비치지 않았나 보다. 그것에 대해 자위를 하고 앞으로는 '경로우대석' 쪽엔 눈길도 주지 말아야겠다.

오늘 수업시간에 토론할 내 수필 '부산갈매기' 에 대해 어떤 평들이 쏟아져 나올까. 만학晩學의 진가를 찾아가는 동기생들과 만날 시간이 가까워지고 있다.

2005년 겨울에 쓰다.

2019. 여름

엄마의 첫사랑

(콩트 모음)

엄마의 첫사랑

네게서 그 남자의 모습이 보인다. 그래서 네가 밉다
네가 함빡 웃을 때면 그 남자의 덧니가 보인다.
그 매력을 어이 상기하지 않겠는가!
겉모습에서 허스키한 음성까지 닮아있으니
그 남자가 네 혼령 속으로 깃든 것 같구나
나는 결코 너를 돌려세울 수가 없단다.
너와 그 남자를 떠나는 일은 내 인생을 송두리째
날려 보내는 일이니.
"딸내미야 내 말이 틀리는지 지금의 나이로 들어보려무나."

심청이는 아버지의 눈을 뜨게 하려고 공양미 삼백 석에 몸을 팔았다. 열여덟 처녀인 나는 물레방앗간 하나에 생면부지인 남자한테로 팔려가야만 했었지.

심청이를 인당수 용왕님께 바치고 험난한 파도를 잠재운 어부가 있다.

내 오라버니는 물레방앗간을 받고 나를 팔아 제 가족의 배만 불렸다.

심청이는 용왕님의 도움을 받아 왕비의 몸으로 인도환생하였다.

내가 팔려간 곳은 아내와 아들을 거느린 유부남의 집이었다.

심청이는 자신이 향하는 곳이 인당수 푸른 물속인 줄 미리 알았다.

나는 족두리를 쓰고 활옷을 입고 혼례를 치를 때까지, 자신을 데려갈 남자가 유부남이라는 걸 짐작조차 못했다.

심청이는 전국의 봉사들을 몽땅 불러 궁중에다 잔칫상을 벌였다.

나는 아들을 안고 나타난 조강지처를 보고 뒤로 넘어져 버렸다.

심청이는 잔칫상을 마주한 수많은 봉사 중에서 아버지를 찾아냈다.

나는 첫날밤에 잉태된 핏덩이를 안고 친정으로 돌아와야만 했다.

공양미 삼백 석을 절에다 시주하고, 부처님의 원력으로 아버지의 눈을 뜨게 한 '효녀심청' 이는 아름답고 명예로운 역사를 남겼다.

물레방아가 돌고 돌아 굴린 돈으로 오라버니가 호의호식하는 동안, 나는 젖먹이 너를 업고 갈 곳이 없어 길거리를 방황해야만 했다.

"사랑할 때는"

남자가 청산유수로 읊어대는 시구詩句엔 낭만이 흘러넘쳤지.

"유니크 유니크!"를 부르짖을 땐 괴테가 은행나무 아래서 마리안네를 위해 노래를 부르는 모습을 연상케 했었다. 나는 마리안네가 된 듯 귀를 쫑긋 세우고 황홀경에 빠져들었지.

장대비가 쏟아지는 날에는 남자가 어김없이 나를 찾아왔었지. 남자의 거친 숨소리를 나 말고는 아무도 듣지 못하거든. 내 작은 귓불에 더운 입김을 불어넣고 여린 내 가슴에 풀무질만 해놓고 남자는 빗소리 따라 멀어져 갔지.

남자는 멀리서 달려온 파도처럼 숨소리가 거칠었다. 숨소리가 잦아들면 팔베개에 나를 누이고 사랑한다고 혼자 지껄이다가 내 대답은 듣지도 않은 채 훌쩍 떠나버렸지.

그런 일이 잦아질 때마다 아들을 품에 안고 나타났던 남자의 아내가 떠올랐지. 이젠 남자와 처음처럼 지낼 수가 없단다. 이미 내 가슴에 높새바람이 불어 닥쳤거든.

소복소복 쌓였던 눈이 사륵사륵 녹아내리니 하나의 물길이 열리고 그 물 길 따라 내 가슴에도 새봄이 오는가 보구나.

이제 저 번잡하지 않은 저녁햇살이 향하는 곳으로 가려고 한다.

그곳에 가면 내 첫 남자의 체취에 흠뻑 취할 수 있겠지!

주워가지 마세요

나는 광교 호반으로 산책을 나갔다. 중천에 뜬 시월의 햇살이 광교 호수에 반사되어 눈이 부셨다. 호수 동편에 있는 야산에 시선이 갔다. 초겨울의 건조한 바람이 휘몰아치더니 도토리나무를 뒤흔들었다. 도토리가 후드득 쏟아졌다. 밤나무에서 영근 산밤도 툭툭 낙엽 위로 떨어진다. 점퍼주머니에 그것들을 부지런히 주워 담았다. 양쪽 주머니가 불룩해졌다.

휘어진 소나무와 우뚝 선 느티나무에 걸려있는 현수막이 바람을 타고 펄럭인다. 수원시장 이름이 또렷한 글귀, 어느 누구도 거부할 수 없는 명령이자 호소문이 들어있다.

"밤이나 도토리를 주워가지 마세요. 귀여운 다람쥐 배고파요!"

나는 현수막에서 시선을 거두었다. 수원시장의 명령을 거부하기 위해서다. 삼라만상에서 나를 주시하는 부처님의 천안千眼도 무시했다. 내 실속부터 채우기에 급급했다.

"내가 줍지 않으면 다른 사람이라도 주워 갈 거야. 선의를 지키려면 잃는 게 많아. 이 순간만 모면하면 돼. 먼저 줍는 놈이 임자지!"

작년에 먹었던 달달하고 든든한 산밤의 맛이 상기되었다. 그때는 현수막이 걸리지 않아 죄의식도 없었다.

집으로 돌아와 무겁게 주워온 산밤을 식탁에다 쏟아놓았다. 타원형 식탁은 그득한데 내 속은 헛헛하기만 하다. 빈속을 채우려고 산밤 하나를 칼로 쪼갰다. 웅크리고 있던 밤벌레가 고개를 쏙 내민다. 밤벌레와 나의 눈이 딱 마주쳤다. 우리는 공범일까?

별안간 다람쥐의 오물거리는 주둥이가 눈앞에 아른거렸다.

"주워가지 마세요!"

콩트모음(1)

전철 속 십대 꼴불견

1) 못생긴 여자가 앞머리에 헤어 롤을 감고
나 보란 듯이 메이크업하는 모습.

2) 임산부 석에 앉은 노인이 썩은 이를 드러내고
코까지 고는 모습.

3) 귀에다 이어폰을 꽂은 중년 남자가
전화를 거는 척하며 특정 정치인을
비방하는 모습.

4) 마시다 남은 음료수 컵을 발밑에다 슬며시
내려놓고 휴대폰에 코 박은 앳된 여자.
5) 젊은 여자 등 뒤에서 머리 냄새 맡느라
킁킁대는 중년 남자.

6) "이 음악이 너무 슬퍼서 혼자 듣기 아까워요."라고 말하면서
이어폰 한쪽을 넘겨주는 더러운
차림새의 늙은이.

7) "당신 도대체 몇 년도 생이야?"
초로의 여인한테 경로석 뺏으려고
시비 거는 할아범.

8) 앉았던 사람이 일어서기가 무섭게
자리를 향해 가방 던지는 중년 여인.

9) 대낮에 막걸리 냄새 풍기며
짝짝 소리 내어 껌 씹어대는 젊은 여인.

10) 일행이 함께 앉을 수 있도록
앉은자리 바꿔 달라는 수다쟁이들.

콩트모음(2)

나쁜 사람

당신은 나쁜 사람이고 나는 아픈 사람입니다
당신이 좋은 사람이 되어 내 병을 치유해 주세요
나에게 필요한 처방은 당신만 알고 있습니다.

시인

우연한 만남이 세 번이면 필연이라지요.
두 번의 만남은 광화문에 있는 서점이었습니다.
이번에도 그곳에서 당신의 명시를 감상할 수 있을까요!

황혼

다시 오려거든 가지 마세요
떠나려거든 지금 가세요

당신의 찬란함에 더 이상 속지 않을 거예요.

이별

사랑을 구걸하지 않겠습니다
자신만을 사랑하기에도
시간이 많지 않아요
당신도 당신만을 사랑하세요.

벼

더 이상 베어지지만 않으렵니다
빈 들판만 지키지도 않을 겁니다
꼿꼿이 목 세우고 위세를 부리겠어요
인간들아, 나 없이 너 살 수 있니?

장미

나를 건드리지 않고 지나친 걸 후회하지 마세요
내 몸엔 당신을 찌를 수 있는 무기가 있거든요
그냥 '아름다운 너' 라고 눈으로 말 하세요.

푸른 안개

짙은 안갯속에서 당신은 무엇을 보셨나요
시력이 나쁜 사람은 푸른빛을 볼 수 있지만
마음이 나쁜 사람 눈에는 잿빛만 보이지요.

짝사랑

당신을 사랑하는 일이 내 몸의 피를 말리는 일이라면
애초에 시작도 안 했을 것입니다
그제는 탈출구도 없는 불길 속에서 헤매다가
어제는 깊이를 알 수 없는 늪에 빠졌다가
오늘은 출입구도 없는 탱자나무 울타리에 갇혀버렸어요
삼십 초면 도달할 것 같던 무릉도원을 삼십 년이 넘도록
포기하지 못했습니다
그 이유는 순전히 허기진 내 영혼 탓입니다.

사랑이 잘리다

내 사랑이 당신 사랑과 같은 줄 알았어요
이별을 하고서야 알았어요
나는 하트였고 당신이 가위라는 걸.

몽환

내가 힘겨워 주저앉았을 때 당신의 손길이 그리웠지요
내가 행복에 겨웠을 때에는 환한 미소를 보여주고 싶었지요
속살이 시릴 때마다 당신의 이름을 불렀습니다
당신은 꿈속에서 나를 향해 훠이 훠이 손을 저었지요
그래요 가세요 그대 머물던 곳으로
다시는 당신의 이름 부르지 않겠어요
그대여 안녕히!

난 괜찮아

괜찮아 다시 일어설 수 있을 거야
그 말을 해주는 사람이 가장 미울 때가 있습니다
말없이 손만 잡아 줄 사람이 훨씬 그리운
요즘 세상입니다.

사유師儒

대장도 나이 들면 칼자루를 놓는 법
노신老臣이여 그 자리를 넘보지 마라

맛

까치가 쪼아 먹은 사과는 당도가 높다
새들도 사과 맛을 안다
머리 나쁜 사람을 조두鳥頭라 하지 말 것.

새 출발

놓쳐버린 열차를 향해 뛰지 말자
지나친 레일을 되돌릴 순 없다
마지노선이 여기라고 포기하지도 말자
버스도 택시도 그대를 기다린다
나그네여!
잡히는 대로 타고 미지의 세계로
떠나봄은 어떨까.

자만

잘한 일만 있었던 것처럼 으스대지 마라
넘어지고 깨어지고 엎어졌던 적 많았다
새로운 삶은 한 폭의 민화처럼 살자
잘못 칠한 색깔을 맹물로 지워가는.

용기

오늘의 실수를 후회하지 말자
내일은 같은 실수를 하지 않겠지
실수할 권리는 누구에게나 있다.

인생

삶은 마라톤이 아니고 둘레길을 걷는 일이다.

콩트모음(3)

부처님 오신 날

엄마, 부처님은 어디에 오셨어요?

아가야, 부처님은 우리의 가슴속에 오셨단다

아 아! 그럼 우리가 쌀밥을 먹으면 하얀 눈을

맞으시고

냉수를 마시면 차가운 비를 맞으시겠네요!

크리스마스

엄마야, 예수님은 어디에 오셨어?

아가야, 예수님은 온 누리에 오셨단다

그런데 왜 아무 데도 보이지 않을까

으응! 바로 네가 아기 예수님이거든.

착각

봄이 내게 핑크빛 손짓을 했었다
여름도 나를 푸르게 유혹했었다
가을은 울긋불긋한 차림으로
나를 현혹했었다
겨울은 또 그렇게 하얀 밤을 불태웠다
그들 모두는 내게만 온 것이 아니었다.

광역버스 안에서

쥐 죽은 듯 차 속이 고요하다
고개를 앞으로 꺾은 사람
머리를 뒤로 재낀 사람
반듯하게 앉아 스마트폰에 코를 박은 사람
모두가 숨을 멈춘 것 같다
나는 무료해서 이어폰을 꽂았다
유리창에 성에가 하얗게 끼었다
파란 강물이 성에 위에 찰랑거린다
나는 그 속으로 한발 두발 들어가고 있었다
발이 몹시 시려옴을 느꼈다
별안간에 광역버스가 급정거를 했다
운전기사가 내 쪽으로 온다
기사의 둥근 얼굴이 석양처럼 붉어졌다
그는 나와 스마트폰을 향해 눈동자를 부라렸다
이어폰을 뽑았다

이바노비치의 '도나우강의 잔물결' 이
사십오 인 객석을 꽉 메우고 있었다.

바쁘신가요?

지하철역 엘리베이터에서 노인들끼리 싸움이 붙었다
좌우 두 줄로 섰던 노인들이 엘리베이터 문이 열림과
동시에 하나로 뭉뚱그려졌다
서로 먼저 타겠다고 밀치고 당기고 난리법석이다
의경이 오고서야 그들의 싸움은 끝이 났다
노인들은 이제 사회교사로서의 자격을 놓아버린 걸까
싸움을 말린 의경이 안타까운 표정으로 혼잣말을 했다
"어디서 누가 그리 애타게 기다린다고……!"

실자라인호에서

(기행문)

하롱베이

검푸른 바다에 수천 개의 돌덩이가 몽실몽실 떠 있다. 사람의 발길을 허용하지 않고 유람선한테만 바닷길을 내어주는 섬 섬 섬!

신의 원력으로 빚어낸 걸작인가! 웅대한 '키스 바위'가 대낮부터 열애에 빠졌다. 그 몽환적인 장면을 처음 본 순간 나는 '데미무어'로 환신幻身해 '샘'을 찾고 있었다. 사방을 휘돌아 보았다. 샘은 보이지 않았고 그 사람의 환영이 내 등 뒤에서 허리를 훅 감아왔다.

베트남은 '사회주의공화국'이라는 명칭과는 달리 이방인들의 움직임에 규제는 없었다. 여행 첫날밤에 묵은 곳은 호찌민 시내에 있는 허접한 호텔이었다. 삼십 도가 넘는 실온에서 에어컨도 작동하지 않았다. 외부 침입이 두려워 창문도 열지 못한 채 고통의 밤을 보냈다. 앞으로 전개될 여행에서의 고행을 예감케 했다.

다음날 아침이다. 호텔 로비에서 첫 번 행선지로 향할 관광버스를 기다리는 동안 시민들의 출근길을 보게 됐다. 자동차는 어쩌다 한 대씩 보였고 오토바이 행렬이 줄을 댔다. 신호등도 없고 전선줄이 얼기설기 뒤엉킨 무질서한 큰길에 이리저리 엉킨 오토바이들, 소음과 함께 품어내는 매연으로 눈이 따갑다. 금방 사고가 날 법한 분위기인데도 순식간에 체증이 풀리는 걸 보니 무질서 속에도 절도는 있나 보다.

호텔 정문 왼편에 자리한 병원엔 환자들로 북새통을 이루고 있었다. 오랜 식민지 생활과 긴 세월 전쟁을 치른 나라기에 그로 인한 후유증으로 환자들이 많을 법하다. 내 초등학교 동창생 두 명도 그때 입은 고엽제 피해로 인해 남은 삶을 고통으로 영위하고 있다.

이천십 년 한국문협 해외문학 심포지엄으로 선택한 베트남 싱가포르 말레이시아 일정 중에 처음으로 들른 곳이 '구찌터널' 이다. 월남전 당시 베트공들이 총탄과 폭탄 세례를 피해 뚫었다는 구찌터널 안으로 몸을 우겨넣고 전장戰場을 체험한다. 터널 안에는 주방도 있고 사람들이 모일 수 있는 광장도 있다. 초협한 터널을 따라 기어갈 때는 지옥으로 향하는 중간지점이라는 생각도 들었다. 꽤 오랜 시간 기어 나오다 보니 조그만 구멍으로 빛이 보인다. 현지인들이 겪은 삼십 년 전쟁을 삼십 분으로 압축된 체험을 하고도 그 고통은 오롯이 느낀 기분이었다. 터널을 빠져나와 햇빛을 보는 순간 눈이 부셨다. 그 눈부심으로 찾은 평화를 오래도록 지우고 싶지 않다.

월맹 총사령부에서 제작한 월남전 다큐멘터리를 보았다. 비행기에선 폭탄이 쏟아지고 밀림은 불바다가 되고 적군과 아군이 뒤엉켜 피 터지게 싸운다. 살벌한 장면을 보면서 뜬금없이 그의 선량한 모습이 떠올랐다. 그는 육군 상병 때 월남전에 자원했었다는 설 나중에야 듣게 됐다. 내가 '세코날' 열네 알을 삼키고 혼수상태에 빠진 것도, 그는 나중에서야 알았다고 했다. 우리는 아무런 약속도 없이 목숨을 담보로 이별연습을 했다는 걸 이십 년 후에야 알게 됐다.

그는 대학교 이 학년때 입대했고 '육지 속의 섬' 이라는 양구에서 군복무를 시작했다. 아버지의 승낙을 얻어 면회를 다녀왔다. 얼마 후에 그는 나를 만나려고 탈영을 시도했고, 군부대로부터 전보를 받은 아버지의 분노가 하늘을 찔렀을 것이다.

나는 아버지의 드링크사업을 돕고 있던 터였다. 그도 나도 양가 부모님들로부터 '갈라서라' 는 통고를 받은 상태였다. 우리는 이렇다 할 저항 한 번 못 해보고 '죽음' 이라는 무능한 선택을 했던 것이다.

여자인 나보다 더 곱디고운 성품을 지닌 그가 오래전에 다녀간 베트남이다. 하필이면 이곳에서 그의 실루엣을 찾고 싶었을까.

오후에 들른 곳은 프랑스 통치시대의 흔적인 노트르담 성당이다. 서구의 건축물을 이곳에서 만나다 보니 잠시 베트남 여행 중임을 망각했다.

여행객들의 필수코스인 중앙우체국에선 관광기념 엽서를 구입했다. 수취인의 주소는 열거하지 않았다. 그냥 생각나는 대로 한 줄 적었다.

"언제 어디서 우연히 마주쳐도 우리 고개 돌리지 말아요!"

귀국을 하루 앞두고 마지막 일정으로 하롱베이로 향했다. 차창으로 보이는 바다와 바위섬은 우리들의 시선을 빼앗고도 남았다. 셀 수 없이 많은 바위섬이 쭝긋쭝긋 솟아 있다. 부두에 당도하자 낯익은 유행가 소리가 고막을 자극한다. 마치 국내 어느 섬을 관광하고 있는 듯한 착각을 일으켰다. 전쟁터만 보다가 동굴 구경을 하자니 일행 모두가 들떴다.

고생대古生代로부터 지구의 역사와 신비가 응집된 동굴, 바다의 계림 하롱베이, 천궁 동굴 하늘 문을 들어서니 용혁성 용좌폭포가 천연색 물줄기를 품어낸다. 에메랄드빛 연못에는 선녀가 목욕한다. 그 선녀가 벗어놓은 날개옷을 훔치려던 전설 속의 나무꾼이 눈앞에 어른거린다.

선상 어물전에서 떠온 다금바리 회는 노래 장단을 끌어내고 '청하'의 다디단 술향이 정제된 디딤새를 부른다. 우리 일행은 무덥고 열악한 여행 일정으로 심신이 지쳤었다. 하룽베이 뱃놀이가 없었더라면 어떻게 됐을까. 한순간에 모든 피로가 달아날 것 같다.

부산에서 온 노시인 한 분이 마이크를 잡고 노래를 부르기 시작했다.

"오동추야 달이 밝아 오동동이냐……!"

평소에 근엄하게만 보였던 노시인이 부르는 유행가 소리에 문인들은 긴장감을 풀었다. 너 나 할 것 없이 노래방 기기에서 흘러나오는 대중음악에 빠져들고 있었다. 근엄하게 또는 낭랑하게 읊조리던 시어詩語를 잠시 접어둔 것 같다.

여기엔 전쟁의 흔적이라곤 찾아볼 수가 없다. 거센 파도도 일지 않았다. 평화로운 일상의 바다에 띄워진 유람선에선 여흥이 펼쳐지고 있을 뿐이다.

나 홀로 갑판에 올라 하늘을 보았다. '사랑과 영혼'의 주인공 데미무어로 환신했다. 내 허리를 감아 안은 샘이 감미로운 노래를 부른다.

and time can do so much

oh my love, my daring!

— 이 시간이 너무나 많은 것을 가르쳐 주네요.

오! 내 사랑 마이 달링!—

슬픈 여행

동유럽에 가면 요한슈트라우스의 '아름답고 푸른 도나우' 왈츠에 맞추어 춤을 출 수 있으리라. 이바노비치의 '도나우강의 잔물결' 소리를 들으며 청량한 시구詩句를 떠 올릴 수도 있겠지……!

인천공항에서 비행기를 타기 전까지 펼쳤던 상상의 나래는 물안개처럼 사라졌다. 왕궁이 있는 부다와 국회의사당이 있는 페스트 사이로 흐르는 다뉴브강을 처음으로 만난 시각은 어둑발이 내린 초저녁이었기 때문이다. 관광객들이 앞을 다투어 야경을 카메라에 담느라 어수선한 분위기도 내 아름다운 환상을 깨는데 일조를 했다.

동유럽여행 일정 중 첫 번으로 방문한 '어부의 요새' 엔 세계 각국에서 몰려든 관광객들로 북적이고 있었다. 오월의 강바람은 생각보다 차가워 옷깃을 여미게 했고, 다뉴브강 물결은 황금색 불빛을 받으며 찰랑이고 있었다. 그 강을 끼고 펼쳐진 부다와 페스트의 야경은 과학과 미학을 두루 갖춘 설계사가 표출했을법한 걸작이었다. 실로 세계 삼대 야경 중 하나임을 인식케 했다.

부다에 있는 왕궁을 밝히는 조명은 내가 본 야경 중 으뜸이었고, 페스트에 있는 국회의사당의 불빛은 수만 개의 골드바를 모자이크 한 것 같았다. 부다와 페스트를 잇는 다리에도 라운드형 조명을 연결시켜 부다페스트는 불빛으로 하나가 된다. 작은 건물 지붕마다 날고 있는 수많은 비둘기 형상의 불빛에서 생동감을 보았다. 독일의 라인강을 헝가리에선 다뉴브강이라 부른다. 내일 가게 될 오스트리아에선 또 도나우강이라는 이름으로 같은 강줄기를 만나게 되겠지.

황홀경에 들뜬 관광객들의 탄성과 각색 인류의 번잡함 속에서 별안간 나의 동공이 흐려져 옴을 느꼈다. 너무 행복하면 아파지는 내 감성이 또 발작을 시작한 것 같다. 고개를 흔들고 손을 저어도 떼어내지 못한 관성, 그 뒤에 따라오는 건 연화장에서 목관木棺 뚜껑을 열고 마지막으로 보았던 둘째 딸의 영면한 모습이다.

서른일곱의 나이에 여타한 사정으로 내 울타리에서 멀어져 간 둘째 딸을 한 줌 재로 만들어 버린 연화장의 처절한 불꽃과, 지금 저 찬란함의 극치인 불꽃이 무슨 연관이 있단 말인가.

둘째 딸의 체형은 유명 패션모델들과 다르지 않았다. 딸이 패션모델을 꿈꾸는 줄도 모르고 엄마인 나는 방송국 앵커가 되거나 영어영문과 교수가 되기를 기대했다. 영문학을 전공했기에 유창한 언어구사력도 가졌다.

소녀 적엔 애니메이션에도 남다른 재주를 가졌었다. 만화 속 등장인물처럼 공주로 살고 싶어 했다는 것도 세상을 떠나보내고서야 알았다. 내 동생이자 딸아이의 외삼촌인 김동욱 교수는 둘째 딸이 그린 그림을 보고 전공을 잘못 선택한 것 같다며 매우 안타까워했었다.

대학시절에는 패션에도 관심이 많았다. 다른 딸들은 알지도 못하는 유명 메이커를 모두 꿰고 있었다. 그런 것들을 구입하기 위해서 엄마를 조르거나 보채는 일은 없었다. 영어 과외지도를 하거나 빵집 알바를 해서 스스로 구입했다.

결혼 후에는 집안의 가구나 소품을 이용한 인테리어 감각도 남달랐다. 어미는 구경조차 해보지 못한 가구를 맞추느라 을지로에 있는 재료 판매점을 뒤졌다. 자신이 원하던 대로 인테리어를 해 놓고도 성에 차지 않으면 어느 날 그것들은 집에서 사라졌다. 그런 둘째 딸을 평범한 주부로 살게 하려고 심하게 나무랐다. 달래도 보고 울면서 애원도 했지만 딸의 마음을 돌리지는 못했다.

일구팔공 연대와 구공 연대가 딸에게는 인생의 전환기였던 것 같다. 둘째 사위는 M경제신문 LA특파원으로 미국에서 상주하고 있었다. 회사 측에서는 기거할 집과 승용차와 초등학교에 다니던 손녀딸의 학교까지 알선해주는 폭넓은 배려를 해주었다. 사위가 동영상으로 찍어온 살림집과 자동차와 동네 풍경을 보면서부터 딸은 겁을 먹기 시작했다. 우리나라의 다닥다닥 붙은 아파트와는 달리 뚝뚝 떨어져 있는 주택들을 보며 두려워했다. 아무 때나 만날 수 있던 동기간들과 이별도 걱정이었다.

매사에 일단 부딪치고 보는 엄마와는 달리 작은 일도 큰 걱정으로 시작하는 아버지를 닮은 탓이다. 겁이 많고 인내심이 부족해 어려움을 극복하거나 헤쳐 나가는 일은 일단 피했다.

여고시절 성적은 전교에서 늘 차석이었다. 성적표가 나올 때마다 모 대학 영문과 교수 딸을 따라잡지 못했다고 울분을 터뜨렸다. 대학입시 모의고사에선 전국 일 퍼센트 안에 드는 개가도 올렸다. 그 똑똑하고 자존심이 하늘을 찌르던 둘째 딸이 언젠가부터 무너지기 시작했다. 남들은 자식들을 조기 유학시키느라 혈안인데 딸은 남편과 딸아이와 세 식구가 함께 미국에서 살 수 있는 행운을 포기하고 말았다.

사위는 두 달에 한 번씩 휴가를 받아 가족들을 보기 위해 귀국했다. 왕복 삼십 시간을 비행기 안에서 보내야 하는 고통을 일 년에 여섯 번씩이나 치렀다. 융합될 수 없는 회사와 가정생활 때문에 견디지 못한 채 그만 사표를 내고 말았다.

나는 부다의 야경 앞에서 한순간 황홀경에 빠져들었다. 동유럽여행의 첫 번 관문에서 느닷없이 둘째 딸의 영혼을 접하며 지난날을 회상했고, 딸아이를 지켜주지 못한 자신의 무능함을 통탄하며 속울음을 울었다.

내게 경제력이 있었다면 딸아이 뒷바라지를 제대로 했을 것이다. 딸은 어려운 가정환경 때문에 자신의 꿈을 맘껏 펼쳐보지 못한 것에 대해 불만이 많았던 터였다.

때로는 텔레비전에서 코미디 프로를 보고 웃다가도 딸과 함께하지 못한다는 죄책감에 사로잡힌다. 맛있는 음식을 먹으면서도 곧잘 사래가 걸린다. 목에 가시로 남아있는 아픈 손가락, 잠든 시간 말고는 둘째 딸의 환영을 그러안고 살아온 지 십년이 넘었다.

이번 여행에 동행한 L선생은 딸과 함께 여행을 다녀간 동유럽에 두 번째 발을 디뎠다고 말했다. 동갑내기인 L선생의 경제력이 부러웠고 딸과 함께 다녀갔다는 얘기에 나는 기가 죽었다. 과년한 딸을 저세상으로 보내고 딸과 함께 했던 여행지로 추억여행을 왔다는 얘기를 들으며 가슴 시린 동질감에 억장이 무너졌다. 상황은 서로 다르지만 사랑하는 딸을 보낸 엄마의 가슴속은 똑같은 숯검정색이라 짐작된다.

우리는 더이상 가슴을 열지 않아도 서로의 마음을 읽을 수 있었다.

L 선생과 손잡고 체코 오스트리아 독일 등 남은 일정을 채우게 될 것이다. 내일부터 전개될 괴테, 카프카, 헤르만 헤세와의 만남에 온갖 기대를 걸어본다.

실자라인호에서

– 북유럽여행 기행문

계간문예 창립 이후 해마다 진행하는 해외문학기행에 빠지지 않고 참석했다. 작년에 동유럽에 이어 금년에는 북유럽이다. 핀란드의 수도인 헬싱키에서 하루 일정을 무사히 마쳤다. 나의 관심은 오로지 크루즈 여행이다. 사십 명의 일행 중 나 말고도 크루즈 여행을 못해 본 문인들이 많은 듯했다. 모두들 호기심으로 가득한 표정이다. 버스에서 내려 '실자라인호' 에 오르기 전 항구에는 세찬 비가 내렸다. 그 비마저도 우리 일행을 반겨주는 듯해 싫지 않았다. 오후 다섯 시, 에스컬레이터를 타고 드디어 실자라인호에 올랐고, 룸메이트와 배당받은 방에 들었다. 두 사람이 쓰기도 초협한 방, 양쪽 벽 중간에 매달린 것까지 네 개의 침대가 비치돼 있었다. 침대에 누워서 팔베개를 한 채 느긋하게 바다를 감상하겠다던 나의 상상은 이내 사라졌다. 땟국에 절은 천 조각에 새겨진 야자수와 바다그림이, 창문을 대신했기 때문이다.

여행은 누구랑 어디로 가느냐가 가장 중요하다. 먹을거리 볼거리 잠자리도 마찬가지다. 저녁밥을 먹기 위해 유람선 뷔페식당을 찾았다. 그곳엔 이미 세계 각국 사람들로 북적거렸다. 상상했던 대로 생선요리가 많았다. 우리나라에서 못 먹어 본 생선을 맛보고 싶었다. 진열대에 가지런히 올라 있는 생선을 순서대로 조금씩 담았다. 안남미에 찹쌀을 섞은 쌀밥도 접시에 담았다. 이름 모를 생선부터 공략했다. 푸른 바탕에 붉은 띠를 두른 병어 모양의 귀여운 생선이다. 휴대폰을 꺼내 '유람선 먹을거리' 라는 제목을 붙여 인증 샷도 찍었다. 나이프로 대가리를 잘라내고 여섯 토막을 냈다. 그 중 한 토막을 포크로 찍어 입에 넣었다. 낯선 향신료가 혀를 자극했다. 미각을 배 바닥으로 추락시킨다. 생선은 방금 소금 독을 탈출한 듯 짜도 너무 짜서 소태였다. 쌀밥만 들입다 퍼먹어, 탄수화물로 인한 헛배만 불렸다.

서울에서부터 우리 일행을 인솔하는 씨앤씨 여행사 김 이사는, 배 안엔 파친코도 있고 나이트도 있고 면세점도 있다며, 놀거리 즐길거리를 조목조목 알려주었다. 나는 쇼핑센터 출입은 되도록 자제했다. 우리나라에도 없는 것이 없는데, 굳이 외화낭비를 할 필요를 느끼지 않았기 때문이다. 이슥한 시간에 나이트클럽에 들렀다. 방 선생과 박 선생이 이미 자리를 잡고 있었다. 오래전 베트남 말레시아 싱가포르에 함께 다녀 온 뒤, '굿모닝베트남' 이라는 여행 모임을 가졌다. 그때부터 친숙하게 지내는 분들이었다. 방 선생은 내가 좋아하는 진토닉 한 잔을 쥐어주셨다. 언제 만나도 한 치의 흐트러짐도 없이 아름답고 고매한 분이다. 오래전 춘천으로 이사한 박 선생도 복잡다단한 가정사를 밀쳐놓고, 이번 여행에 동행해서 참으로 반가웠다. 박 선생은 흥이 많은 분이다. 나는 플로어링으로 도전하고 싶어 하는 박 선생의 손을 잡았다. 우리는 플로어링으로 나갔다. 여인네 둘이서 막춤을 추고 있는 게 가여웠는지, 시 낭송반의 허 선생이 합류했다. 어느새 허 선생과 나는 파트너가 되어 신나게 플로어링을 누비고 있었다. 나의 룸메이트 구 선생은 관중석에 앉아 우리를 바라보고 있었다. 매사에 호기심이 많은 동갑내기다. 플로어링에는 회색 눈빛과 금발의 유아들도 나와서 몸을 흔들며 재롱을 부리고 있었다. 초등생 정도의 남자 어린이는 나 보란 듯 마이클잭슨 춤을 추고 있었다. 동서양이 따로 없고, 남녀노소가 격의 없이 어울린 무대였다.

그 날 내가 무대를 누빈 사교춤은 사실 막춤에 불과했다. 배운 지 사십년이 넘었다. 시골초등학교 동창회에서나 우쭐대는 정도였다. 시 낭송반의 허 선생의 리드는 남달랐다. 비행기에서 버스에서 장시간 앉아 있어 경직됐던 몸이 풀어졌다. 인공관절 수술을 한 무릎도 한결 부드러워졌다. 십년 만에 즐겨본 플로어링! 유쾌하고 건강한 시간이었다.

열한 시가 넘어서야 잠자리에 들었다. 이층 침대가 기분 나쁠 정도로 삐걱거렸다. 처음엔 조금씩 삐걱대더니 빈도가 점점 잦아졌다. 크루즈 여행이 처음이라 본디 그런지는 모르겠다. 룸메이트인 구 선생은 자기만의 방식으로 건강관리를 하는 중이라 뱃소리엔 관심도 없다.

그 와중에도 살짝 잠이 들었었나 보다. 플러스 쇠뭉치와 마이너스 쇠뭉치가 서로를 견제하느라 한 판 붙기라도 한 걸까. '쿠당당탕' 무디고 요란한 굉음이 청각을 자극했다. 시계는 새벽 두 시 십오 분을 가리키고 있었다. 상당히 불안했다. 영화 '타이타닉' 에서 보았던 장면이거나, 뉴스에서 보았던 세월호와 유사한 사고가 나는 건 아닐까, 머리카락이 곤두섰다. 워낙 이른 새벽 인데다 인터폰도 없어 가이드한테 물어볼 수도 없었다. 시곗바늘을 일출시간으로 당겨놓고 싶었다. 눈을 감고 있다가는 그대로 바닷속으로 수장水葬될 것 같다. 비행기 안에서 읽겠다고 챙겨 온 빅토르 위고의 소설 '레 미제라블' 을 펼쳤다. 글자만 보이고 내용은 머리에 들어오지가 않았다. 그렇다고 눈이 감기지도 않았다. 눈을 똑바로 뜨고 있었다고 해야 맞을 것 같았다.

뜬금없이 군 복무 중에 순직한 남동생 생각이 났다. 어머니가 개가해서 낳으신 네 명의 아들 중 셋째 아들, 나보다 다섯 살 아래였다. 그 동생은 해양대학 재학 중에 자원해서 육군에 입대했다. 졸업과 동시에 해군장교로 입대가 가능한데, 그 길을 포기한 이유는 전공과목이 '기관학과'였기 때문이다.

"기름옷에 절어 평생을 바닷속에서 쇳덩이와 싸워야 하는 기관사가 되기 싫다. 학교를 뛰쳐나오고 싶다."며 내게 속내를 털어놓곤 했었다.

하룻밤 배를 타고 발트해를 건너는데도 이토록 굉음과 요동으로 고통스러운데, 동생은 직업으로 인해 노다지 당해야 했을 고통이라 생각하니 기가 막혔다. 마지막 휴가를 나왔을 때다. 어머니 생신에 삼단 케이크를 올리고 싶다며 내게 꽤 큰돈을 요구했다. 워낙 착하고 진실한 동생이라 두말없이 돈을 주었다. 그때 내가 준 돈이 동생한테는 마지막 용돈이었고, 어머니가 받으신 삼단케이크도 마지막 선물이 되었다.

군부대로부터 동생의 사망 통보를 받은 게 1992년 초가을이었다. 매사에 긍정적이고 배려심이 많고 인물 또한 특출했던 동생, 배 밑에서 살기가 너무 싫어서 육군에 입대했다던 동생의 말이 지금도 귓전에 맴돈다. 크루즈여행의 로망을 무참하게 깨버린 기관실의 굉음이, 오랫동안 잊고 살았던 동생을 떠오르게 했다. 그 동생이 대전 국립묘지에 잠든 지 어느덧 25년, 무심한 세월은 그 날의 아픔마저 실어가 버렸다.

간밤을 꼬박 지새우고 다음 날 새벽 다섯 시에 갑판으로 나갔다. 다이아몬드 억만 개를 뭉친 듯한 태양이 뱃길을 밝히고 나를 밝히고 온 세상을 환하게 비춘다. 그 거룩한 빛에 스웨덴 네덜란드 노르웨이로 향하는 일정에 무사함과 행운을 얹어본다.

감성마을에서 듣다

— 소설가 이외수 씨의 생각

가을비가 줄기차게 내리던 지난 27일 오후, 강원도 화천군 상서면 다목리에 있는 감성마을을 찾았다.

소설가 이외수(67세) 씨의 문학관은 사진 속 회색의 삭막함과는 거리가 멀었다. 문학관 내부는 곡선으로 지어진 데다 그림과 책들이 조화롭게 진열되어 참신했다.

비가 내리는데도 남녀노소 방문객들이 줄을 이었고, 과천시 별양동에서 온 조병환(80세) 씨와 작가의 즉석 담소가 이루어졌다.

– 최근 대통령 선거철인데 세 분의 후보들 중, 통합을 해서 그 자리를 물러난다면 어떤 분이 되겠는지요?

"세 분이 다 출중하고 훌륭한 분들인데 누가 물러나겠어요? 더구나 참모들이나 캠프에서 절대 용납을 안 할 걸요. 후보들 세 분이 이곳을 다녀갔습니다. 그때 문화적 가치, 잠재된 인적자원의 개발, 투철한 역사관을 갖고 국민들에게 사랑한다는 표현을 많이 해 줄 것을 당부했습니다."

- 그런 분이 있을까요?

"지구에서 아주 조그만 우리나라는 지하자원이 절대로 부족한 국가지요. 그런데도 OECD 국가 중 열한 번째로 잘 사는 나라입니다. 대단한 성과를 이룬 것이지요. 인적자원 문화적 자원은 세계 어느 나라에도 뒤지지 않습니다. 이제는 국가에서 국민들에게 더이상 허리띠를 졸라매길 바라지 말아야 합니다. 문화적 가치를 누릴 수 있도록 배려해야 해요."

- 어떤 분을 밀어주시겠습니까?

물욕에 집착하지 않는 후보, 문화적 자원을 창출하고 지원하는 후보, 정치적 성향보다는 국민들에게 사랑의 표현을 많이 하는 사람, 이 네 가지 덕목을 갖춘 후보를 SNS를 통해서 적극적으로 지지하려고요. 아마 국민들도 그런 대통령을 원할 것입니다."

서울에서 왔다는 김수향(55세)씨가 말했다.

"감성마을 입구에 세워진 수많은 시비詩碑들, 거기에 새겨진 구절엔 작가의 아픔들이 철학으로 탄생했더군요. 그러나 정작 저의 가슴을 에이는 문학의 절규는 '글의 감옥' 철문에 있었습니다. 제가 한 번 읊어 보겠습니다."

- 포기하지 말라.

절망의 이빨에

심장을

물어 뜯겨 본
자만이 희망을 사랑할
자격이 있다 -

김수향 씨가 읊은 '하악하악'의 한 소절이 굵은 빗줄기를 뚫는다. 아직은 나무를 지키고 있는 자작나무 잎사귀 속으로 스며든다.

실버넷뉴스 김문선 기자

※ 2012년 10월에 쓴 기사 글

아프로디테 상賞

– 이탈리아 그리스 문학기행문

그리스 이탈리아 로마 문학기행을 마치고 인천공항에 도착하자마자 휴대폰을 열었다. 검색창 첫 줄에 '송중기 송혜교 결별' 기사가 떴다. 참 기이했다. 반전反轉이라는 단어를 이럴 때 쓰라고 만들어 놓은 걸까.

2019년 계간문예 유럽 문학기행 첫 번 일정은, KBS2 수목드라마 '태양의 후예' 촬영지가 있는 '아라호바' 였다. 산꼭대기에 황색 지붕들이 옹기종기 모여 있고, 중앙에 우뚝 솟은 시계탑이 보였다. 반대쪽 방향에서 보았던 분위기로는 도저히 사람이 살 것 같지 않은 까마득한 절벽이었다. 생필품을 저 꼭대기까지 어떻게 운반했을까. 쓰레기와 화장실 오물은 무슨 수로 치우며 살아가는 걸까. 의문이 꼬리를 물었다. 버스를 타고 막상 현장에 도착해 보니 순탄한 평지였고, 약간의 상가가 늘어서 관광객들의 시선을 끌었다. 스키 고장으로만 알려졌던 아라호바는 우리나라 드라마인 태양의 후예를 찍은 곳으로 세상에 알려지면서 유명세를

탔다. 드라마는 대박이 났고 주인공인 송송 커플은 영화 같은 결혼식을 올렸다.

송중기와 송혜교가 극중에서 키스를 했던 시계탑을 향해 발걸음을 재촉했다. 그 길은 고불고불하고 가팔랐다. 이름 모를 잡초가 척박한 바위 틈을 비집고 얼굴을 내밀어 눈길이 멈췄다. 송혜교가 왔을 때도 저 잡초는 나를 바라보듯 그녀의 고혹적인 눈길과 마주쳤을까. 송중기의 워커 발자국 소리에 놀라 숨죽이지는 않았을까.

그가 월남전에 자원해서 갔을 때 우리들의 연정은 이미 짙은 갈색으로 흔들리고 있었다. 한 번 시들어버린 잎은 푸른색으로 돌아오지 않았고, 우리의 초연은 고엽이 되어 떨어지고 말았다.

이곳에 올 예정이었을 때부터 송송 커플의 결혼이 나에겐 다음 생의 꿈이자 노을빛 현실의 갈망이었는지도 모른다. 그의 가늘고 긴 손가락과 통통한 내 손가락이 깍지를 끼고, 내 목 길이만큼 높은 그의 눈높이를 맞추느라 뒤꿈치를 곧추세워야 입술이 닿을 거라는 상상도 해봤다.

일행 중 어느 부부의 찐한 포옹을 보던 순간 그와의 첫 키스 장면이 떠올랐다. 이 무슨 연쇄반응의 결과물이란 말인가. 별안간 온몸이 꿀물에 젖은 듯 달달해짐을 느꼈다. 세상에 태어나 처음으로 그의 품에 안겼고 쿵덕거리는 심장소리도 들었다. 여학교 시절에 만나 성인이 되고서야 첫 키스를 나누던 날 뜬눈으로 밤을 보냈다. 입술 하나만 빼앗겼을 뿐인데 내 모든 것을 허락한 것 같은 허탈감, 누군가 보았다면 어떡하나 하는 공포감이 여린 가슴을 짓눌렀다. 돌이켜 보면 그 날의 키스처럼 달달했던 순간이 금생에는 없었던 것 같다. 오늘 여기에 그는 없다. 내 눈과 가슴속에서만 벌어지고 있는 기이한 현상이다.

여행 마지막 날 계간문예의 상징적 행사인 '삼행시 쓰기 대회' 심사 발표가 있었다. 나에겐 '아프로디테 상' 이 주어졌다. '바티칸' 이라는 시제를 받고 일초의 망설임도 없이 써버린 시가 뽑힌 것이 그냥 우연이었을까. 그리스 신화에 나오는 사랑의 여신, 성적 아름다움과 욕망을 관장하는 아프로디테 상만으로도 이번 문학기행에서 얻은 수확은 차고 넘친다.

내가 아라호바에 오기 전까지 송송 커플은 스캔들이 없이 잘 살고 있어 닮고 싶은 부부였다. 아라호바에서 나 혼자만의 상상으로 송송 커플을 흉내도 내 보았다. 끝내 손에 잡힌 것은 아무것도 없고 금생이 아니면 다음 생에라도, 그와 함께 송송커플처럼 살아보리라는 꿈만을 안고 귀국했다.

그 꿈을 산산이 깨트리는 반전이 기다리고 있을 줄 상상이나 했던가! 하필이면 귀국하는 날 그들의 결별 소식을 듣다니 어이상실이다. 아마 그들의 숙명에도 그와 나처럼 '별리別離' 가 들었나 보다.

문득 앙드레 모로아의 시구詩句 한 소절이 떠오른다.

"멀리서 보는 잔디밭은 아름답다.
가까이 가서 보면 그렇지가 않다."

높은 사람 나오라고요

높은 사람 나오라고요

새천년이 시작되기 전 우리나라 관공서 문턱은 참으로 높았다. 주민등록등본 한 통을 떼려면 길게 줄을 서야 했다. 주소지 지번 하나만 틀려도 다음날을 기약해야 할 정도로 민원창구 직원들의 뱃장은 두둑했다. 그런 시기에 우리 아들이 K국립대학교 의예과에 입학을 했다. 사립 의과대학의 삼분의 일에 불과한 등록금이었지만 임대업에 실패하고, 지하 사글셋방에 살고 있는 내가 부담하기엔 벅차기만 했다.

첫 번 등록금부터 학자금대출을 받기 시작했다. 열두 번의 등록금 걱정에 나와 두 딸의 고심은 이만저만이 아니었다. 물론 아들도 사고로 죽은 시신屍身을 목욕시키는 험한 알바까지 하며 고학을 하다시피 했다. 마지막 두 번의 등록금은 더 이상 마련할 길이 없었다. 아들은 내게 여러 번 휴학을 의논했다. 엄마의 몸을 팔아서라도 등록금만은 해결할 테니 공부나 열심히 하라고 독려했다. 큰소리는 쳐놓고 방구석에 처박혀 고민만 하려니 숨통이 막혔다. 밤을 꼬박 새우며 궁리한 끝에 N구청 민원창구를 찾아가기로 맘을 굳혔다. 딸 셋을 내 힘으로 출가시켰고 의대생까지 둔 엄마의 당당함은 접어야 했다. 공릉동 무허가 지하셋방에서 수재민으로 살던 시절을 떠 올리고 한 번 더 공식 거지가 되기로 작정했다.

안국역에서 꽃 판매원을 했던 시절이라 앞치마를 입은 채 지하철을 타고 N구청으로 찾아들었다. 민원실 직원한테 자초지종을 얘기하며 구청장과의 독대를 신청했다. 직원은 어이없다는 표정으로 퉁명스럽게 말했다.

"구청장님은 개인의 가정사를 들어주시는 한가한 분이 아니십니다. 그렇게 급하면 건의서를 써서 민원함에다 넣지 그래요?"

나는 그 직원의 뜻을 받아들일 수 있는 상황도 아니거니와 한시가 급했다. 등록 마감일은 다음 주 월요일이었다. 내가 구청을 찾아간 날과는 단 사 일이 남아있을 뿐이었다. 궁리 끝에 이층 '주민불편신고' 현판이 붙은 곳을 찾아들었다. 저마다 자신들의 일에 열중하느라 나를 보는 사람은 아무도 없었다. 출입문과 가까운 곳에 앉은 직원에게 말을 걸었다.

"이곳에서 제일 높은 분이 어느 분이세요?"

그는 의아한 눈초리로 초라한 내 모습을 훑어보며 말했다.

"일단 제게 말씀하세요."

"아무래도 높은 분과 얘기를 해야 통할 것 같은데요."

"지금은 출장 중이세요. 다음에 오셔야 할 것 같습니다."

참다못한 나는 악에 받혀 소리를 질렀다.

"높은 사람 나오라고요! 여기 계신 여러분들은 우리가 내는 세금으로 월급을 받는 분들 맞지요? 내 남편도 직장에서 쓰러지기 전까지는 국록을 받던 공직자였습니다. 뇌경색이란 병명을 얻으니 잘라버렸어요. 과연 여러분들의 앞날을 보장할 사람이 있을까요?"

사무실은 찬물을 끼얹은 듯 숨소리 하나 들리지 않았다. 이십여 명의 직원들은 내 말은 들으면서도 못 들은 척 컴퓨터만 들여다보고 있었다. 나는 한 옥타브 높여서 마지막 말을 뱉었다.

"내일은 국무총리 공관에 비치된 신문고를 두드려야겠네요. 그러고도 안 되면 청와대 앞에서 등신불等身佛이 돼야겠습니다!"

통곡에 가까운 말을 뱉은 순간 세상의 어두움이 모두 걷혀버린 듯 주변이 환해졌다. 거짓말처럼 속도 후련했다. 내친김에 한 마디 덧붙였다.

"가난을 대물림하지 말자."는 슬로건을 모두 철거하세요. 자식들이라도 올곧게 가르쳐야 우리네 서민들도 가난에서 벗어날 게 아닙니까? 우리나라 국민도 제대로 돌보지 못하면서 외국에 원조나 퍼주면 잘 사는 나랍니까?"

사무실에 있는 직원들 모두 들으라는 듯 큰소리를 치고 내려놓았던 배낭을 짊어졌다. 아무 죄 없는 직원들한테 정신없이 퍼부어 놓고 본심으로 돌아오니 뒤통수가 뜨거웠다. 서둘러 사무실 문을 나설 때였다. 오십 대로 보이고 두꺼운 뿔테 안경을 낀 직원이 내게로 다가왔다.

"어머니, 아들이 다니는 대학교에서 학적부와 성적표를 떼어 오실 수 있습니까? 내일까지 서류를 갖춘 다음 이리로 오세요. 가능할 것이라 믿지는 마시고요. 어머니의 절박한 마음은 헤아리지만 헌법 조항에 없는 일을 우리가 어찌 만들겠습니까?"

무식한 엄마여도 좋다. 무능하고 주제 파악 못하는 아낙네면 어떠랴. 내 아들 의사될 날만 기다리며 이 위기를 극복해야만 한다. 내 몸이 부서져도 내 아들이 살기 좋은 세상을 만들어 줄 수만 있다면 늙은 몸뚱이를 팔아 보탤 수도 있으리라.

내가 보낸 휴대폰 문자를 받은 아들이 성적증명서와 학적부를 이메일로 구청 담당자에게 보냈나 보다. 출근길에 구청에서 걸려온 전화를 받았다. 주민등록등본 한 통과 신분증을 갖고 민원실로 나오라는 통보였다. 아들의 성적은 이급 장학금을 받을 정도로 우수했다. 구청에서는 마지막 등록금까지 0원으로 처리해 주었다. 구청직원은 내게 다짐을 받았다.

"이 일은 현재까지 대한민국 법전에는 없는 일입니다. 이다음까지도 절대로 발설해서는 안 됩니다."

아들은 육 년 동안 열심히 공부했기에 그 흔한 유급 한 번 없이 높은 성적으로 인턴 시험에 합격했다. 의사 면허증을 받자마자 군 복무 지원을 해버렸다. 소아천식으로 고등학교에 다닐 때까지 병원문턱을 들락거렸다. 천식은 군복무 면제 대상이다. 굳이 가지 않아도 되는 길을 왜 가려하며 사 년 여를 헛되게 보내려 하느냐고 채근하는 나를 향해 아들이 말했다.

"어머니, 제가 국가와 국민을 위해 진정한 봉사를 해야 하는 시기가 바로 지금입니다. 더군다나 두 번의 등록금은 국비로 치렀잖습니까? 그 은혜에 보답을 해야지요. 제대를 하고 전문의가 된 뒤에 어머니를 편히 모시겠습니다!"

"그래. 네 뜻이 옳구나. 육 년도 기다렸는데 사 년을 못 기다릴까!"

우리 모자母子는 부둥켜안고 그동안 참았던 눈물을 한없이 쏟았다. 아들은 현재 비뇨기과 원장으로 활약하며 환자들의 아픔과 고통을 치유해 주어 보람된 삶을 살고 있다.

"높은 사람 나오라고요." 하며 소리치던 무지한 엄마는 의사아들에 바이올니스트 며느리와 선량한 딸 사위들과 여섯 명의 손주들의 효도를 받으며 글 쓰는 재미로 살고 있다.

그 절박한 시절에 선뜻 나서서 우리 모자母子를 도와주었던 뿔테 안경의 공직자! 지금은 어디에서 무얼 하고 있을까.

벌써 십육 년의 세월이 흘렀다. 그분의 이름을 적어두지 못한 게 후회스럽다. 혹여 그분이 이 글을 읽으신다면 우리 아들의 장학금을 보냈던 서류를 보고 나를 찾아주시기 바란다. 뒤늦게나마 그분에게 크게 보답을 하고 싶다.

이중생활

우리 집 거실 오른쪽 대각선으로, 광교 호수가 자리하고 있다. 청록의 물빛에 반사된 햇살이, 거실 유리창을 통과하니 따사롭기 그지없다. 푹신한 소파에 안긴 채, 사월의 햇살을 온몸으로 영접했다. 세상에 부러울 게 없는데, 뜬금없이 지난하고 서글펐던 지난날들이 떠오른다.

이 집으로 이사 오기 전, Y시에 있는 아주 작은 아파트에서 살았다. 그 집은 일층이었다. 이십층 앞 동에 가려 아침에 뜨는 해가, 살짝 고개를 내밀었다가 이내 사라졌다. 저녁때는 또 옆 산에 가려, 지는 해를 여유롭게 배웅하지 못했다.

이천십삼 년도 저물어 가는 십이 월 말이었다. 광교 신도시 신축 아파트, 이십육층 사 호에 홀로 이삿짐을 풀었다. 북악산 명당에 자리한, 대통령의 처소가 부럽지 않았다. 장충동 소나무 숲길 진입로부터, 저택의 위용을 짐작케 하는 모 재벌 총수의 저택도 탐나지 않았다.

밤이면 호수 인근에 자리한 고층빌딩과, 초고층아파트에서 뿌려놓은 현란한 불빛에 젖었다. 호수에 내려앉은 달빛은 내게 시를 쓰라고 부추기는 것 같았다. 나는 너무 기뻐서 웃고, 진한 감동에 눈물도 뿌렸다.

엄마가 이사한 집에 처음 방문하던 날, 아들이 했던 말이다.

"낮에는 압구정동, 밤에는 나폴리."

"딩동 댕동" 현관 벨소리가 울렸다. 거실 벽에 설치된 모니터에, 중년 여인이 보였다. '이불솜 바꾸라' 던 여인은 아니었다. 신규 아파트에 입주하면, 홍보물을 든 여인들이 자주 벨을 누른다. 그런 여인 중에 한 사람이겠거니 하고, 모니터가 꺼지길 기다렸다.

이번엔 며느리가 했던 말이 생각났다.

"아파트에 노인이 혼자 산다는 게 바깥에 알려지면, 어머니 신변에 위험한 일이 생길 수 있을지 몰라요. 자녀 자랑을 즐기는 노인들이 당하는 피해는, 생각보다 심각하다고 들었어요."

중년 여인은 화면 속에서 무슨 얘기를 하는 것 같은데, 귀에 들어오질 않았다. 며느리가 했던 말이 곱씹어졌다.

"아무나 집에 들이지 마세요."

휴대폰이 울렸다. 화면에 비친 여인의 목소리가, 수화기를 통해 들려왔다. 내 휴대폰 번호를 알고 있어, 일단 안심은 되었다.

"독거노인 관리사, 박묘옥이라고 합니다." 외출 중이면 다음에 들리겠다고 말했다. 나는 휴대폰을 귀에다 댄 채 현관문을 열었다. 거실에서 우리는 마주 앉았다. 박 선생은 말했다.

"아들이 대통령이어도, 홀로 사시는 분은 '독거노인' 입니다."

이런저런 얘기 끝에 박 선생은 내게 물었다.

"지금 가장 필요한 것이 무엇인지요?"

박 선생은 나의 소원을 들어주려고 나타난 천사 같았다. 나는 쌀이 필요다고 말했다. 낯선 곳이라 마트가 어디에 있는지 모르고, 이사하기 몇 달 전에 무릎 인공관절 수술을 해서 움직임이 불편하다는 말도 했다.

박 선생이 돌아간 뒤 앞산을 보니, 여기저기 잔설이 남아 있었다. 아까는 미처 보지 못했던 장면이 온몸을 시리게 한다. 막내딸의 도움으로 신도시 아파트에 입주를 했지만, 신분은 먼저 살던 아파트 입주자 그대로였다. 추위, 더위, 그보다 더 혹독한 고독을 견뎌내야 하는 '독거노인'.

며칠 후 박 선생은 십 킬로가 든 쌀부대를 들고 나를 찾았다. 독거노인 치고는 호화주택에 살고 있어, 정부지원은 받을 수가 없다고 말했다. 그러고 보니, 먼저 살던 작은집에서도 쌀을 받은 적은 없었다. '의료보험면제'는 받았다. '의료지원 방문간호사'가 혈압과 당 수치를 검사하느라, 한 달에 한 번 정도 다녀갔었다.

박 선생은 자신이 다니는 교회에서 쌀을 가져다 내게 준다고 말했다. 내 짐작으로는 자신의 돈으로 구입한 것 같았다. 나는 아들딸 삼 남매 두고, 적정한 생활비를 받아 쓴다. 그런데도 움직임이 용이치 않다는 이유로 쌀을 받았다. 박 선생과 교인들한테 큰 죄를 지은 것 같아 고개를 들 수가 없었다. 의식주衣食住! 입고 먹고 자는 것, 말로 하기는 참 쉽다. 온몸의 기氣가 빠지고 점차 혼미해져 가는 정신력으로, 홀로 산다는 게 결코 간단치는 않다.

"어머니는 어정쩡한 입장에 처해 있습니다. 훌륭한 자녀를 삼 남매나 두셨고, 주거환경도 남다른 데다 인물까지 부티가 나십니다." 박 선생은 사각지대에 걸린, 나의 입장이 안타깝다는 말도 했다. 교회에서 나오는 위문품들을 들고, 수시로 나를 찾는다. 간식거리며 건어물, 치킨, 참치캔도 날랐다. 그 모든 것을 내게 전달할 때면, 박 선생의 얼굴빛은 태양처럼 밝았다. 봉사정신이 온몸에 스며있는 분이다. 그럴수록 내 마음은 무거워졌다. 나는 더이상의 도움을 사양하겠다는 말을 했다. 박 선생은 "아쉬움이 없어 보이는 분들한테서 보이는 안타까움, 어머니한테서 느껴졌어요!"

나의 텅 빈 가슴속을, 들켜버린 것일까?

박 선생한테서 받은 쌀로 가래떡을 뽑았다. 삼등분으로 나누었다. 우선 내 몫은 따로 챙겨두었다. 반은 배낭에다 담고, 종로 3가로 향했다. 그곳에서 마주친, 일부 노숙자들한테 가래떡을 나누어 주었다. 나머지는 경비실에 야식으로 돌렸다. 처음 쌀을 받았을 때, 바위를 등에 짊어진 것 같은 부담을 느꼈다. 어느새 그 무겁던 바위가, 나의 등에서 사라진 듯 몸과 마음이 가벼워졌다.

아파트에 입주한 지 육 개월 정도 됐을 때였다. 단지 내에 있는 '사이좋은 도서관' 에서, 무보수로 봉사할 '도서위원' 을 모집했다. 단숨에 가입했다. 도서관리와 유아들에게, 책 읽어주는 할머니로 자리매김을 했다. 도서위원들과 박 선생의 주선으로, 보수까지 받는 일자리가 만들어졌다. 나에게 주어진 그 일에 보람과 환희를 느낀다.

나는 계간문예에서 진행하는 '해외문학기행' 에 단골손님이다. 매달 오일마다, 또박또박 통장으로 입금되는 월급 덕분이다. 박 선생은 여름이면 열무김치, 가을이면 쪽파김치, 겨울엔 김장김치까지 날라다 준다. 어제도 도서관 근무를 마치고 퇴근했을 때, 현관에 예쁘게 놓인 반찬봉투를 만났다. 박 선생이 두고 간 것이다.

"작가선생님! 더 큰 도움을 드릴 수 없어 안타까워요." 라며 미안해 하던 박 선생의 일기장에, 혹여 나의 '이중생활' 이 기록되는 건 아닐까?

끝없는 건망증

계간문예에서 해마다 치르는 '신년하례식 및 문학상 시상식' 이 무사히 끝났다. 회식까지 마치고 차 주간과 김 부회장, 금 사무국장 등 몇몇이 사무실로 몰려갔다. 행사 뒤엔 항상 마무리가 따르는 법이기에, 우리는 누가 먼저랄 것도 없이 사무실로 향한다.

나는 그날 단편소설 '황토' 로 소설 부문 신인상을 받기로 예정돼 있었다. 집에서 차분히 수상소감을 준비했었다. 시상식을 끝내고 수상소감을 말하는 시간이 되었다. 수상자가 워낙 많다 보니 시간 절약을 위해 사회자는 일분 이내로 끝내라고 말했다. 아뿔싸! 어느 부분을 빼고 어떤 대목을 말해야 할지 난감했다. 순발력에 취약한 나는 핵심은 놓쳐 버렸다. 행사를 치르고 난 뒤 돌이켜 보니, 무슨 말을 했는지 기억조차 나지 않았다. 쥐구멍이 있다면 찾아서라도 숨고 싶었다.

처음 준비했던 '수상소감' 은 이렇다.

시는 타고난 감성에다 사물을 관조하며 쓰고, 수필은 남기고 싶지 않은 이야기라도 교훈으로 삼고 싶어 썼습니다. 소설은 죽음과 맞서는 작업이었습니다. 열네 시간 컴퓨터 앞에 붙어 앉았다가 응급실에 실려 가기도 했었거든요. 열두 살 때 어머니 앞에서 약속했던 소설가가 꼭 되고 싶었습니다. 오늘이 그날입니다! 정종명 교수님께서는 저의 문장력은 인정해 주십니다. 구성에 있어서는 크게 꾸지람을 하십니다. 끊임없이 쓰고 고치겠습니다.

나는 사무실에서의 볼일을 끝내고 짐을 챙겼다. 상패와 선물상자와 동양란 화분까지, 대중교통으로 혼자서 옮길 수 있는 부피가 아니었다. 짐을 추스르고 집으로 돌아가려 할 때였다. 차 주간은 자신이 받은 선물주머니가 없어졌다고 말했다. 백 시인은 방금까지 그 주머니가 여기에 있었다고 안달했다. 나는 황당했다. 방금 전까지 그 자리에서 짐을 챙긴 사람은 나밖에 없었기 때문이다. 소설 당선 상금과 여러 문인들이 꾹꾹 찔러준 꽤 많은 축하금은 클로스 백에다 담았다. 홍 소설가가 준 향수, 상주의 정 수필가가 살짝 건네 준 매직펜 세트에, 누군가가 건네 준 액세서리가 든 조그만 쇼핑백까지 배낭에다 담았다. 그때 차 주간이 빨간 주머니를 찾으니 대체난감이었다. 꽉꽉 채워진 배낭은 열어볼 생각도 안 한 채, 언짢아하는 나를 본 차 주간은 현장수습에 나섰다.

“어디선가 나오겠지요. 자자! 오늘은 그만……”

계간문예 사무실을 나와 막상 택시를 잡으려니, 사오만 원 정도로 예상되는 택시비가 버겁다는 생각이 들었다. 이천오백 원이면 좌석버스로 집까지 갈 수 있다. 마침 백 시인이 좌석버스 정류장까지 짐을 들어다 주겠단다. 미안하고 고마웠다. 종각역 십일 번 출구에 도착했다. 지난 십이 월까지 그곳에 있었던 버스정류장은 폐쇄되었다. 도로 중앙으로 옮겨진 정류장으로 갔으나 거기엔 내가 타야 하는 5500-2는 제외 되었다. 어쩔 수 없이 반대 방향 도로에서 택시를 타기로 했다. 그 와중에도 백 시인한테, 택시 번호판 사진을 찍어달라고 부탁까지 했다. 다 늙은 할머니를 누가 납치라도 할까봐……!

택시에 올라 한숨을 돌리고 나니, 뜬금없이 하나의 사건이 떠올랐다.

지난봄 어느 날이었다. 소설 수업을 마치고 인사동 옷가게에서 외투를 구입했다. 동인들과 헤어져 좌석버스를 타기 위해 방금 지나친 버스정류장에 도착했을 때였다. 교통카드를 꺼내려고 크로스백 지퍼를 열었다. 지하철과 버스카드를 함께 넣어두는 포켓인데 버스카드만 없다. 그 카드는 버스요금만 지불되는 게 아니다. 나의 적은 보유 자산금 전체가 들어있는 카드다. 눈앞이 하얗고 사물은 가물거렸다. 정신을 가다듬었다. 손에 들린 쇼핑백이 눈에 들었다. 단숨에 쇼핑백에 찍힌 상호를 떠올리고 옷가게로 달려갔다. 옷가게 종업원과 내가 주었다 거니 안 받았다 거니 입씨름을 할 때였다. 그 광경을 지켜보던 가게 주인이 나섰다. 주인은 휴대폰에 입력해 둔 웹사이트를 뒤져 동영상을 보여주었다. 가게 주인이 건네 준 카드를 받아 배낭 주머니에 담고 있는 내 모습이, 영화의 한 장면처럼 오롯이 찍혀 있었다.

어쩌랴! 이제 그만 잊어버려도 되는 아픈 이야기는 어제 일처럼 생생하게 떠오르건만, 방금 전의 일은 고개만 돌려도 잊어버리니……!

나는 건망증이 심해질수록 가방에다 물건을 집어 담는 동작은 빨라진 것 같다. 일단 가방에 집어넣고 보자는 식이다. 막상 집에 와서는 배낭을 열어보지도 않는다. 다음 외출을 할 때서야 배낭을 챙기게 된다. 문학기행 때 받아 넣은 떡은 곰팡이가 까맣게 슬어 있고, 썩거나 말라버린 과일도 발견된다. 혹여 노인성 치매라도 온 걸까 하고 신경외과에서 정밀검사도 받았다. 칠순의 노인한데 흔히 있는 예문으로 '건망증' 진단을 받았다.

그날 나는 배낭 주머니에서 카드를 챙긴 뒤, 옷가게 주인한테 정식으로 사과해야 했다. 그날의 실수가 뇌리를 스치고서야 배낭 지퍼를 열어보았다. 차 주간이 찾던 빨간 복주머니가 거기에 있었다. 그냥 내가 받은 선물꾸러미 중 하나라고 무심코 담았던 것 같다. 나는 택시 안에서 곧바로 차 주간한테 전화를 걸었다.

"그 주머니가 왜 내 배낭 속에 들어있는지 모르겠어요! 소설 수업 날 가져갈게요."

금년은 황금 개띠의 해라고 주변 사람들이 술렁거린다. 지인들이나 문인들은 그 기를 받기라도 하려는 듯 회식자리에서 곧잘 황금 개띠 이야기를 펼친다. 나에게 황금 개띠 해의 소망이 있다면 '끝없는 건망증'에서 탈피하는 것이다. 칠순의 나이를 핑계로 다른 이들을 힘들게 하지 말아야 할 것이다. 잠깐의 소동이었지만 그 자리에 함께 있던 계간문예 가족들한테 미안한 마음 감출 수가 없다. 나 또한 그 일로 인해 상심이 컸던 것 같다. 다음날부터 감기몸살로 드러눕고 말았다.

함춘회관 행사장에는 구양근 전 성신여대 총장님께서 선물해 주신 삼단 화환이 나의 이름을 빛내주었다. 오광자 시인께서 보내주신 동양란도 내 허허로운 마음을 꽉 채워줬다. 화환과 화분에서 리본을 거두어다가

서재 벽에다 소중하게 걸어두었다. 홍 소설가가 선물해 준 향수와, 방선생님, 전 '씨실과 날실' 김 대표님, 동문수학 하는 조 선배 충주 김 시인 한국무용가 남 선생 박 선생, 셋째가 보내온 축의금까지 정성이 담긴 현금봉투가 크로스백을 두둑하게 채웠다. 그분들 모두의 정성과 사랑이 담긴 선물은 목화솜 같은 따스함으로 내 몸과 마음을 덥혀주었다. 언제 어떤 일로든 그분들한테 갚아야 하는 훈훈하고 아름다운 빚이다.

각박한 세상살이에 주고받는 게 없다면 무슨 재미로 살까!

따뜻한 봄날 그분들을 내 집으로 모시고 싶다. 발코니 오른쪽엔 광교 호수가 찰랑대고, 뒷산 정자엔 온갖 새들의 노랫소리가 끊이지 않는 곳. 비록 황금덩어리나 지폐가 쌓인 금고는 없지만, 주어진 환경은 억만금을 주고도 살 수 없는 곳이다.

떡만둣국 끓이고, 상어편육 떠다가 그분들을 모시고, 식사대접이라도 해야겠다. 그날 밥상머리 화제는 차 주간이 선물 받은, '빨간 주머니' !

요술처럼 내 배낭에 들어앉았던 그 복주머니가 될 것 같다.

현대판 고려장

주말이면 항상 손님이 많은데 첫추위 때문인지 해가 지기도 전부터 손님들이 밀려들기 시작했다. 어둑발이 들 무렵 초췌한 중년 남자가 묵어갈 방을 찾는다. 그는 정문에 설치된 보안카메라에 잡힐 때부터 노숙자 차림이었는데 가까이 왔을 때 냄새 또한 역겨웠다.

초로인 남자는 술에 찌들어 보였고 입고 있는 감색 점퍼는 땟국으로 얼룩졌으며 머리는 봉두난발이었다. "빈방이 없네요."라는 말로 받기 싫은 손님임을 밝히는 내게 그가 쓴소리를 내뱉는다.

"모텔에는 빈방이 없으면 소등消燈을 하는 법, 간판불은 왜 켜놨어?" 나를 째려보던 남자가 점퍼 주머니에서 만 원짜리 지폐를 한주먹 뽑아 들고 호기를 부렸다.

"이만하면 됐지? 열흘 분 방값이야."

남자의 행동으로 보아 여러 곳의 숙박업소를 거친듯했다. 꺼림칙했지만 셋째 사위의 사업을 도와주는 입장이고, 방값을 선불하는 손님을 굳이 내칠 필요 없다고 여겨 삼백칠 호 키를 내어 주었다.

남자는 입실한 순간부터 무시로 인터폰을 눌렀다.

"소주 한 병에다 육개장 하나 올려 보내!"

마치 식당 종업원을 대하듯 지껄인 다음 인터폰을 뚝 끊어버렸다. 일단 그 방에 들어간 음식이나 빈 그릇은 나오질 않았다. 어느새 선불한 방값은 바닥이 났다. 남자가 인터폰을 걸어왔다. 자신의 방문 앞에 놔둔 현금을 치우라고. 관찰카메라에 잡힌 건 객실에 비치된 유리 재떨이였다 재떨이를 들추고 수거한 현금은 오일분의 방값이었다.

그럭저럭 또 보름이 지났다. 계속 머물겠으면 밀린 방값을 지불하라는 나의 재촉에 남자는, 대학생인 아들이 하굣길에 방값을 갖고 올 거라고 말했다. 남자가 그 방에 든 지 어언 두 달이 되었다. 그동안 한 번도 방에서 나오지 않았고 인터폰만 걸어왔다. 수화기를 통해 들리는 음성에 힘이 빠진 걸로 보아 정신이 혼미해지는 듯했다. '혹여 죽을 곳을 찾아온 사람이거나 염세주의자나 범죄자?' 온갖 상상이 꼬리를 물었다. 슬슬 불안해지기 시작했다.

드디어 모텔 경영주인 사위가 직원회의를 열었다. 결론은 강제 퇴실이다. 엄동설한에 강제 퇴실은 좀 혹독한 것 같지만, 자선사업을 하는 곳이 아니다. 그 방 앞을 지날 때마다 문틈으로 새어 나오는 악취로 인해, 다른 손님들에게 불쾌감을 줄 수 있다는 데다 포커스를 맞추었다.

강행이다. 사위와 지배인의 계속된 인터폰에 응답이 없자 비상키로 방문을 열었다. 방안에는 상상했던 일이 벌어져 있었다. 입실한 뒤 음식을 시키기만 했지 빈 그릇을 한 번도 밖으로 내어놓은 적이 없었다. 청소하는 아주머니의 한숨소리가 이어졌다. 곰팡이가 꺼멓게 앉은 밥그릇과 반찬 그릇에서 풍기는 악취와, 술병마다 담배꽁초가 채워져 나뒹굴고 있어 방안 꼴은 참담했다.

사위는 한 번도 안 했는지 욕실엔 물 한 방울 보이지 않았고, 침구는 처음 세팅한 채 건드리지도 않았다. 남자의 외향은 입실할 때보다 수염과 두발만 심하게 자랐을 뿐, 상상했던 것처럼 험하지 않아서 일단 안심은 되었다.

사위는 어릴 적부터 부모님이 숙박업소를 경영하고 있어서인지 남다른 노하우가 있어 보였다. 신분을 무던히도 감추던 남자의 생김새로만 가족을 찾아내는데 별로 힘들이지 않았다. 남자의 가족과 몇 번의 통화가 이루어졌다. 두 번째 방값이 밀리면서부터 온다던 아들이 석 달 만에 드디어 모습을 드러냈다. 머리엔 무스를 바르고 유명 브랜드로 한껏 멋을 부린 전형적인 대학생 차림이고 총명해 보였다.

사위가 남자의 아들한테 말했다.

“아버지의 무전취식으로 인해 영업에 방해가 되니 아버지를 모셔가 주세요.”

고개를 숙이고 깊은 생각에 빠졌던 남자의 아들이 한참 만에 입을 열었다.

“아버지의 방탕한 생활로 살던 집도 날리고 어머니는 심장수술을 받은 채 친척집에 얹혀살아요. 차라리 아버지를 경찰서로 보내세요. 엄마라도 살리고 봐야죠.”

아들의 말을 들은 남자는 자신의 잘못을 뉘우치기보다는 아들의 단호한 행동으로 인해 깊은 비감에 빠진 듯했다. 아들은 들고 온 가방을 아버지 앞에 던져놓고 냉정하게 돌아섰다.

마음이 여린 사위가 남자를 내보내는 데 대해 어떤 결론도 내리지 못한 채 집으로 향했다. 나는 그 틈에 관할 파출소에 전화를 걸었다. 남자가 주차장으로 내려오기 전에 인터폰으로 내게 부탁한 걸 들어줘야 할 것 같아서다.

"나를 경찰서로 보내줘요. 나는 무전취식을 했으니 죄를 지었고 잡혀가야 마땅해요."

그동안 내게 무엇을 해달라고 명령만 하던 말투가 아니었다. 방금 내게 한 건 진심이 배어 있는 부탁의 언어였다.

온 세상이 얼어붙은 엄동설한인데 가족의 품으로 돌아가지 못하고, 춥고 섬뜩한 유치장으로 갈 수밖에 없는 남자가 측은했다.

남자의 거취가 결정됐다는 내 전화를 받은 사위가 말했다.

"내일이 크리스마스잖아요! 밀린 숙박비는 포기하시고 뜨끈한 감자탕이라도 시켜드리세요. 경찰관들한테 유치장 말고 노인요양병원으로 보내드리라고 부탁도 해보시고요."

신고를 받고 달려온 경찰관들은 그를 순찰차에 태우고 쉽게도 떠나가 버렸다. 나이가 지긋한 경찰관이 남자를 향해 했던 말이 휑하게 넓은 주차장을 맴돈다.

"세상 물정 모르는 한심한 양반아!
여기엔 또 몇 번째로 오셨소?"

문학에게 길을 묻다

— 111권의 저서를 남기고 현재도 집필 중

옷깃을 스치기만 해도 검은색이 묻어날 듯, 진한 먹물 향기를 풍기는 표성흠(66세) 소설가의 문학관을 찾았다. 뙤약볕이 내리쏟는 지난 17일의 한낮이었다.

매화나무와 향나무 은행나무가 울타리를 두르고, 수선화 목단 작약 등 수십 종류의 야생화가 자라고 있는 넓은 정원(약 1만 제곱미터)을 거닐기만 해도 명작이 쏟아져 나올 것 같은 분위기다.

군데군데 중견작가들의 시비詩碑까지 세워져 있는 〈풀과 나무의 집〉에, 이 여름 손수 지었다는 정자에서 작가와 마주 앉았다.

문장가이며 실학자인 연암 박지원 선생을 기리는 '연암문학상' 첫 번째 대상을 거머쥔 주인공답게 지성미가 철철 흘러넘친다.

— 표 선생님 모습을 뵈니 소설, 수필, 시詩가 자신이 갈 길이 어디냐고 묻고 싶어 할 것 같아요.

"작품이 저절로 내게로 다가오는 건 아니지요. 늘 작품 생각에 골몰해 있을 때만 그게 가능한 것이라 생각합니다. 나는 글을 쓰려는 사람들에게 '밥을 먹듯 글을 쓰라'는 말을 자주 합니다. 하루 세끼 밥을 먹어야 살듯 글쟁이는 하루도 빠짐없이 글을 써야 작품을 만들 수 있으니까요."

작가는 거창에서 태어나 중앙대를 졸업하고, 숭실대 대학원에서 국문학을 전공했다. 1970년 대한일보 신춘문예에 시詩가 당선되고, 1979년에 월간 〈시대〉지에 소설 부문으로 신인 문학상을 받았다.

— 실학자이며 문필가인 연암 박지원 선생의 유지를 받드는 문학상을 수상하셨다고 들었습니다. 수상 소감을 들려주시지요."

"2010년 제1회 연암문학상에 장편소설 〈뿔뱀〉으로 당선됐습니다. 한참 지난 이야기네요. 연암은 그 시대 최고의 지성인이었지만 시류에 휩쓸리지 않은 아웃사이더였지요. 여의주를 얻어 용이 되기보다는 스스로 뿔뱀의 길을 택한 인물입니다. 바로 이 시대에도 그러한 왕따들이 수없이 많지요. 바로 그런 이야깁니다."

— 어떤 자격을 갖춘 분에게 대상이 주어지고 상금은 얼마나 됩니까?

"누구나 응모할 수 있는 현상공모전이었고, 총상금은 5천만 원이었지요. 내가 받은 상금은 4천만 원입니다."

이어령, 윤후명, 정영문, 김춘식 교수 등 막강한 실력의 소유자인 심사위원들의 엄정한 심의를 거친 작가답지 않게 담백한 대답을 한다. 표성흠 작가 또한 다른 작가들을 심사하는 입장이기도 하다.

〈뿔뱀〉은 '문학에 기본을 둔 착실한 작품이다. 문자향文字香을 추구하면서, 현실을 바른 눈으로 보고 헤쳐 나가는 모습이 잘 그려진 작품이다' 라는 심사평을 받기도 했다.

— 111권의 저서를 발표하셨는데 현재도 집필 중이신가요?

"전업 작가가 글을 쓰지 않고 사는 방법은 없답니다. 또 좀 있으면 책이 한 권 나옵니다. 재주 있는 작가는 한 권의 책으로 몇 백만 부를 팔지만, 저 같은 둔재는 백 권을 써도 남들 한 권만큼의 부수도 못 올리지요."

— 선생님께서 쓰신 작품 모두가 피를 말리고 생살을 찢는 산고를 겪은 후에 탄생한 소중한 작품이겠지요. 그중에서도 대표작을 뽑는다면 어떤 작품인지요?

"최초로 거창 양민학살을 다룬 여섯 권짜리 장편소설 〈토우〉가 있고, 시집으로는 〈네가 곧 나다〉가 아끼는 작품입니다."

작품의 문학성보다 베스트셀러에 치중하는 현재의 출판계를 은근히 꼬집는 전업 작가의 표정은 그리 밝지 않았다. 10년 전부터 귀향하여 전업 작가가 아닌 전원작가로 살면서 겪고 느낀 점을 과감 없이 드러낼 때 작가의 모습은 더욱 씁쓸했다.

— 신원면에 조성된 '양민학살 사건 현장'에도 헌시獻詩를 하셨다지요?

"헌시가 아니라 이 역시 공모전에 당선된 작품입니다. 이 시詩를 토대로 거창 양민학살사건 위령공원이 조성됐지요. 공원 전체 〈조망도〉를 제가 그렸습니다."

1951년 2월 10일 한국전쟁 중, 거창군 신원면에서 양민 학살 사건이 일어났었다. 오랜 세월이 흐른 후 관련자의 명예회복에 관한 특별조치법이 통과됐다. 법률 제5148호에 의해 거대한 추모공원을 2004년에 완공했다. 공모를 통해 당선된 표성흠 작가의 추모의 글이 시비詩碑에 새겨졌다.

— 풀과 나무의 집이 문학공원으로 조성이 될 것이라고 들었습니다.

"들리는 소문일 뿐입니다. 나 혼자서 꾸미고 가꾸는 중입니다. 그 어떤 단체나 나라의 도움도 없이 혼자서 십 년 넘게 문학공원으로 조성하고 있는 중이지요. 지금은 원로시인 신중신 선생의 장서각이 있고, 여러 문인들의 시비詩碑들도 들어서 있습니다."

— 막대한 지원금이 필요하리라 생각됩니다. 자금의 조달형식이 궁금합니다.

"그런 형식적인 문학공원을 원치 않습니다. 이곳은 자생적인 문학의 터전이 될 것입니다. 제가 글 쓰는 작업공간이지요. 연륜이 쌓이므로 저절로 문학공원이 되는 것이지, 돈으로 건물을 짓고 하루아침에 문학공원이 되는 건 아니지 않습니까? 〈풀과 나무의 집〉을 그런 속 빈 강정으로 만들고 싶진 않습니다."

— 영남의 교육도시로 알려진 거창에서 후학을 지도하시며 길러낸 제자 중에 이름이 알려진 이가 있는지요?

"귀향한 지 10년이 넘었습니다. 그동안 풀과 나무의 집 문학아카데미를 통해 시인, 수필가, 소설가 등 서른 명 남짓 문단에 이름을 올렸지요. 이들 중에는 신춘문예에 각종 신인상으로 등단을 하고, 각자 제 이름을 알려가고 있어요. 다만 어느 특정인을 꼽지는 않겠습니다. 열 손가락 깨물어 안 아픈 손가락이 있습니까?"

— 사모님도 작가라고 들었습니다. 자랑을 하신다면 어떤 점인지요?

"나보다 먼저 출발했지요. 69년도에 동화작가로 등단한 강민숙(64세) 씨가 제 아내입니다. 작품집도 50여 권이나 되지만, 그동안 늘 내 그늘에 묻혀 살아온 감이 없지 않습니다. 나보다 더 많은 인세 수입을 올리는 우리 집 가계부입니다."

— 고향에서 전업 작가로 살아가시면서 어떤 애로사항이 있으신지요?

"모든 출판사가 서울에 집중돼 있잖아요? 저는 지금 인세가 무슨 말인지도 모르는 곳에 살고 있답니다. 판로販路가 너무 먼 곳이지요."

글은 쓰는 걸로 끝나지 않는다. 출판사 편집부에 의해 다섯 번 정도의 교정을 거친다. 종이의 질과 표지의 그림 선택 등 수많은 과정을 밟고서야 한 권의 책이 탄생된다. 그런 과정을 거치고도 베스트셀러의 반열에 오르지 못하면 작품을 찾는 사람이 많지 않은 것이 우리나라 문학계의 현주소다.

111권의 저서를 남기고도 아직도 집필 중인 작가는 언젠가 국내외에 크게 이름을 떨칠 작품을 탄생시키리라 믿어본다.

"아내의 인세가 우리 집 가계부"라는 표성흠 작가의 쓸쓸한 목소리가 넓은 정원을 가득 메운다. 그 까닭을 우리나라 문학에게 묻고 싶다.

실버넷뉴스 김문선 기자 moonpoeter@silvernetnews.com

2011년에 발표한 인터뷰 기사

예쁜 도둑

아파트 단지 내 텃밭에는 이른 시간이어선지 아무도 없다. 보기 드문 크기의 검정 도자기 하나만 턱 하니 텃밭 인근에 놓여있다. 어제 저녁까진 그 자리에 아무것도 없었다.

"밤 새 누군가가 집에 있는 커다란 쓰레기 하나를 처치했구먼!"

이곳에선 흔히 있는 일이라 예사롭게 여기며 나는 혼자 중얼거렸다. 죽은 고무나무는 뿌리를 깊숙이 박고 있었다. 있는 힘을 다해 뿌리까지 뽑아내고 보니 의외로 흙은 부실했다. 흙을 그냥 버리자니 나무를 뽑아내느라 비지땀을 흘린 것이 아까웠다.

마침 마디 호박을 심으려고 자투리 땅을 남긴 곳에 흙이 부족했다. 어디선가 흙을 파와야겠다는 생각을 했었다. 언제 누가 버렸는지 모르지만, 흙이 필요한 나를 위해 구세주가 다녀갔다는 생각이 들었다. 화분에서 나온 마른 흙을 검정 비닐봉지에 담아다 내 밭에다 부었다.

아삭이고추, 청양고추, 대추방울토마토 등 열두 가지의 모종을 심고

씨앗도 뿌렸다. 아침저녁으로 텃밭을 들여다보는 재미에 하루 해가 짧게 느껴졌다. 혼자서 못다 먹으면 이웃들과 나누겠다는 생각으로 열심히 가꾸었다.

채마가 자라는 과정을 스마트폰으로 찍어 소설 공부방 그룹 채팅방에 다 올린다.

유월에 동유럽 4개국 문학기행 일정이 잡혀있다. 나는 그곳을 다녀오면 뒤풀이를 우리 집에서 하자고 미리 광고했다. 푸성귀를 따서 삼겹살 파티를 하자는 글도 올렸다. 수업 직전엔 항상 나의 채마밭이 화재가 된다.

부슬비가 내리는 날 재래시장에서 마디 호박 모종을 구입했다. 아침에 채워둔 흙에 비료와 거름을 묻고 그 위에 마디 호박을 심었다. 물을 주고 집으로 향하려는데 두 칸 건너 텃밭 노파가 악을 쓴다.

"흙이 부족해서 집에 있는 화분 흙이라도 쓰려고 내다 놓았는데 어떤 인간이 다 퍼 가버렸구먼. 애기 엄마! 혹시 흙 도둑 놈 못 봤수?"

나는 뜨끔했다. 아파트 어딘가에 매어 달린 CCTV 카메라가 나를 찍었을 거라는 생각에 머리끝이 쭈뼛 서는 것 같다.

"이를 어쩌나! 내가 바로 범인인데, 내가 퍼왔노라고 말하고 용서를 구할까?"

그런데 잠깐, 내가 만약 고백을 한다면 스무 개의 밭주인이 다 알게 될 것이고, 자신들의 밭에서 없어지는 것이 생기면 나는 무조건 도둑의 대열에 선두가 될 것이다. 화분의 주인에게 승낙도 받지 않은 채 흙을 가져 온 건 사실이다. 엄밀히 생각하면 도둑질을 한 건 맞다. 다음에 농작물이 없어지면 그때마다 나를 범인으로 몰고 갈 것 같아 상상만 해도 끔찍하다.

나는 왜 임기응변에 약한 걸까.
그냥 있는 대로 말하고 용서를 구하면 될 것을……!

자신이 쓰려고 갖다 놓았으면 '가져가지 말라' 는 메모지를 붙여놓던가. 아니면 자신의 밭에다 놓던가 해야 한다. 아무런 표시가 없었으니 당연히 버려진 화분인 줄 알고 흙을 퍼왔을 뿐인데 속절없이 도둑으로 몰리고 말았다.

밭떼기 옆에다 죽은 나무도 뽑지도 않은 채 화분을 내다 버리는 사람들이 종종 있었다. 그때마다 먼저 보는 이가 임자다. 그 일에 아무도 태클을 걸지 않았다.

이 텃밭을 만든 연유는 건설회사에서 아파트를 지을 때 입주민들의 정서함양과 신선한 채마를 기르면서 행복감을 느끼게 하려는 배려였다고 관리소에서 알려줬다.

농작물은 농부의 발소리를 들으면서 성장을 한다고 들었다. 내가 심은 애호박은 주인이 도둑질한 흙인 줄도 모르고 뿌리를 제대로 내렸다. 호박넝쿨 따라 마디 호박이 열리기 시작했다. 농부의 마음으로는 즐거워야 하는데 내 마음은 전혀 기쁘지가 않다.

지난해 십이월에 광교에 있는 새 아파트에 입주했다. 발코니에서 내려다보니 반달형을 그린 땅에 여러 개의 텃밭을 만들어 놓은 게 눈에 들었다. 이삿짐은 정리도 채 끝내지 않은 상태로 두고 관리소를 찾았다. 아마도 선착순일 거라는 혼자만의 생각으로 일 순위로 텃밭을 배당받고 싶었기 때문이다. 관리소 직원은 재밌는 할머니를 보았다는 듯 한참을 웃고 나더니 "우선 날씨가 풀려야지요. 내년 봄에 신청을 받고 추첨을 통해서 배당할 겁니다. 관리소에서 방송을 하거든 그때 신청하세요."

나는 머쓱해서 돌아왔다. 금년엔 오히려 텃밭엔 관심도 없었고, 버스

정류장에 붙여지는 시화詩畵에만 관심이 쏠렸다. 수원문인협회를 통해서 기성문인의 작품을 채택하고, 시민들은 응모를 통해 심사 후에 부친다고 했다.

지난해부터 사이좋은 도서관에서 사서로 일한다. 일자리가 단지 내에 있어 교통비도 절약되고, 책을 읽기에 안성맞춤이고 일자리치곤 신선놀음이다.

P 도서관장은 내게 텃밭 추첨에 응모하라는 정보를 주었다. 별반 관심이 없다고 했다. 당첨이 되면 자신이 텃밭을 일굴 것이니까 가끔 따다가 먹으라며 독려했다. 삼대 일의 경쟁률을 뚫고 도서관장은 떨어지고, 운이 좋게 내가 당첨되었다.

금연 방송을 하루 걸러 하는 데도 문을 열면 여기저기 담배꽁초가 굴러다녔다. 미화원 아주머니가 생각다 못해 커다란 플라스틱 화분을 재털이 용도로 출입문 앞에다 갖다 두었다. 오며 가며 봐 왔던 터라 담배꽁초를 비닐봉지에 담아 쓰레기통에다 버리고 화분을 카트기에 실었다.

마침 밭에는 그 노파가 나와 있었다.

"엊그제 화분 흙이 없어졌다고 끌탕을 하시기에 갖고 왔으니 이 흙을 쓰시지요."하며 엉큼한 속내를 끝내 감추었다. 노파는 영문도 모르고 고마워서 어쩔 줄 모른다.

가슴은 벌렁거렸지만 얼굴엔 가증스러운 미소를 띠고 나는 노파를 위해 장한 일이라도 해낸 듯 의기양양하게 나의 밭으로 향했다. 열무와 얼갈이배추가 떡잎을 벗어나고 있다. 그 수많은 떡잎들이 밭주인이 도둑질을 한 걸 안다면 '너 도둑질했지?' 하고 화가 나서 성장을 멈추는 건 아닐지.

노파가 버린 줄 알았던 흙은 메마르고 죽은 뿌리가 거의 절반을 차지하고 있었다. 거기에 비해 내가 노파를 위해 가져간 화분 흙은 기름진 옥토였다.

이쯤 되면
이 도둑은 예쁜 도둑이 아닐까.

몰랐던 게 다행

남편은 결혼식을 올리자마자 우리집 가훈을 정했다. '정직 겸손' 내 뜻은 묻지도 않고 혼자 지어버린 것이다. 그의 본심이고 생활습관에 이미 정직과 겸손은 배어 있었다. 말단 경찰관이던 남편은 고위층 경찰관들한테는 이미 무능한 직원으로 낙인이 찍혔다. 수많은 공무원 중 경찰관의 봉급이 가장 적은 이유는 '유유상종' 이라고 유능한 경찰관 부인한테서 들었다. 그 이유는 지은 죄가 무겁지 않을 경우 적당히 봐주고, 개인의 호주머니를 채워 가난을 면하라는 뜻이라고.

내 남편은 대 지주의 막내아들로 태어나 먹고 사는데 지장이 없었다. 대학에 들어가서도 그 흔한 가정교사 자리도 구하지 않을 정도로 자신의 미래를 걱정하지 않았다. 맏형한테 경제권이 있었고 자신은 빈털터리라는 걸 두려워하지도 않았다.

그런 아버지한테서 태어난 우리 아들은 달랐다. 가훈대로 정직하고 겸손하면서도 자신의 몫은 챙길 줄 아는 아이였다. 초등학교서부터 전교회장을 지냈고 고등학교까지 보이스카우트 활동을 했다. 초등학교 오 학년 때부터 한국일보 비둘기 기자단도 했다. 해마다 우수기자 상을 차지했다. 고등학교 삼 년 동안 장학금을 한 번도 놓친 적이 없었다. 공중 보건의로 군대생활을 하면서 받은 월급은 고스란히 엄마한테 보내고 자신의 용돈은 내게서 받아가지 않았다.

성인이 된 아들이 내게 이런 말을 했다.

"어머니, 제가 보이스카우트 활동을 할 수 있게 밀어주셔서 고맙습니다. 공부하면서 살아가면서 두고두고 교육받았던 순간들을 떠 올리면 매사를 해결하는데 지침 석이 되거든요,"

그랬다. 그 옛날엔 지원자가 많아서 학교 성적과 집안 재력을 따져서 스카우트를 했었다. 아이들이 활동하는 동안 꽤 큰돈이 들었지만 사 남매 중 삼 남매를 걸스카우트 보이스카우트 활동을 하게 했다. 나도 단대위원장을 맡아 자녀들과 함께 보이스카우트 활동을 했고 지도교사 자격증까지 취득했다. 그 결과는 매우 컸다. 어떤 어려움이 닥쳐도 아들은 즐겁게 게임으로 풀어가면서 지혜를 모아 이겨낼 수 있었다고 말한 적이 있었다.

큰사위는 최근 내게 이런 말을 자주 한다.

"우리 장모님 참 대단하셔요. 어떻게 교사 딸과 의사 아들을 만들었어요?"

제 장남을 부산대학교(사범대 영어교육과)에 들여보내고서야 장모의 능력을 깨달았다는 거다. 난 그냥 웃었다. 그동안에 고생이야 이루 말로 할 수 없었지만 훌륭한 열매를 맺은 걸 사위의 눈으로 보고 느낀 다음에 하는 말이기에……!

겉으로는 웃으면서 속으로는 이런 말을 하고 있었다.

"자녀가 훌륭하게 성장해 준 거지 부모가 키우는 게 아니다. 가훈이 근본이 되어 지혜의 싹을 틔웠고, 자신들의 부단한 노력으로 열매를 맺은 것이다. 부모가 어떻게 세상을 살아왔는지는 부모의 삶이다. 그 부모를 보고 성장한 자녀는 부모의 그림자를 보면서 자신의 삶을 반추하는 것이지."

남편은 현직에 있을 때 변두리 한지로만 밀려다녔다. 유능한 남편을 두었던 여인의 말과는 전혀 딴 세상 사람이었으니 말이다. 남들처럼 경범 죄인한테는 적당히 돈이나 받고 죄의 무게를 팔았어야 하는데 그렇지를 못했고 '훈방조치'라는 관용법으로 풀어주었다. 풀려난 죄인이 다른 경찰관의 손에 잡혀왔을 때 최초의 조사를 했던 남편은 수사를 소홀히 한 벌칙을 혹독하게 치러야 했다. 그런 일들로 교통도 불편하고 사글셋방도 구하기 힘든 변방으로만 밀려나는 것이 다반사였다. 남편이 워낙 고지식하고 남을 아프게 하지 않는 사람이라는 걸 고위층에서도 익히 알기에, 내보낼 수가 없었을 것이다. 한 가정의 가장으로서 목숨 줄을 이어가게 하느라 변방으로만 돌렸으리라.

이전에 법무부 장관의 부인이었으며 현직 교수인 남편을 둔 여인이 감옥에 간 걸 보니 차라리 말단 공무원이기에 몰랐던 게 많은 자신이 떳떳하다. 내 손에 쇠고랑을 차지 않아도 됐고, 자녀들한테도 죄인이 된 엄마의 모습을 보이지 않아도 됐으니 말이다.

야간 자율학습 시간까지 먹을 도시락 네 개를 짊어지고 학교에 다니느라 오른쪽 어깨가 휘었던 큰딸은 고교 역사 선생이 됐다. 다른 자녀들도 제 감량대로 인정받는 직업을 가졌으니 오히려 무능했던 내 남편이 자랑스럽다.

휴일에나 실컷 자게 내버려 두라는 나와 무던히도 다투던 남편이 미워서, 자녀들과 합동작전으로 남편을 왕따시키기도 했었다. 돌이켜 생각하면 아버지의 극성이 자녀들이 책가방을 들고 독서실로 가게 만든 계기였던 것 같기도 하다.

자신이 가진 권력과 금력으로 자식들의 스펙을 쌓았던 그들 부부는 지금 만시지탄의 대상이 되었다. 우리 자녀들은 아버지의 제사를 모실 때 후일담으로, 아버지 살아생전 잔소리 때문에 다 못잔 잠, 지금은 달게 실컷 잔다는 걸로 감사한 마음까지 제사상에 올린다.

다행히 우리 자녀들도 자신들의 자녀교육에 부정을 저지르진 않는다. 한 번 부정은 영원한 부정이고 정직하지 못한 삶은 영원한 모래성이라는 걸 깨닫게 해 주는 요즘이다.

최근 TV를 켜기가 무섭다. 그렇다고 TV를 안 보면 세상 물정을 모르는 사람 취급을 받는다. 국민들의 생각도 둘로 쪼개졌다. 그들 가족들로 하여금 국민들까지 휘저어지는 걸 보면 권력의 힘이 무섭긴 한가 보다.

어젯밤 대통령과 삼백 명의 토론자가 어수선한 분위기 속에서도 열띤 공방을 치르는 걸 보았다. 정치인이나 대통령이나 참석자 각자가 자기방어하고 서로가 자신을 위해 산다는 걸 깨달았다.

대통령은 조국 사태 이후 처음으로 '사과'라는 단어를 썼다. 앞으로도 자주 국민들의 얘기에 귀를 기울이는 대통령이 되겠다고 말했다. 두고 볼 일이다.

우리집 가훈 '정직 겸손'이 내겐 가난의 굴레를 짊어지고 살게 한 멍에인 줄로만 알았다. 물질만능주의에 사로잡힌 조국 부부의 처참한 말로를 보면서 가난의 굴레가 그리 나쁜 일 같지는 않다는 느낌도 받았다.

지금이라도 그들 부부가 참회하고 진심으로 국민들한테 사과한다면 앞으로 더 좋은 일들이 기다리고 있지 않을까!

문득 그 집안 가훈이 무엇인지 궁금해진다.

거창한 거창

내 고향 거창은 지명만큼이나 거창한 곳이다. 지도상으로는 서부 경남 편에 속한다. 거창읍을 중심으로, 가조면 주상면 웅양면 고제면 북상면 위천면 마리면 신원면 남상면 남하면 가북면 등 열한 개 면단위로 형성돼 있다. 시市가 아닌 읍邑 단위로는 엄청나게 큰 고장이다. 영호강변에는 꽃분홍 백일홍이 즐비하게 자리를 잡아, 초여름부터 가을까지 강가를 아름답게 수놓는다. 가까운 곳에 삼천포가 있어 각종 해산물이 풍성하고 1~6일 장에는 없는 것이 없다.

— 그 옛날, 지금의 중앙리와 상림리에 자리한 각종 관공서 터와, 거창초등학교 자리에 걸쳐 아름다운 숲이 있었다. 그 숲에서 따온 어여쁠 아娥 수풀림林을 모아 '아림사'라 일컫는 큰 절을 지었다. 신라시대에서 고려 말까지는 아림사가 이 고장을 다스렸다. 그 기록은 거창문화원에서 펴낸 책자 〈거창 역사〉에 들어있다.

거창 신 씨는 거창이 본관이라고 들었다. 그 댁 문중에는 왕비가 두 분이 계셨다. 한 분은 조선조 10대 왕인 연산군의 폐비 신 씨다. 또 한 분은 11대 왕인 중종의 조강지처 승선이다. 사가로 치면 폐비 신 씨와 승선은 숙질叔姪간이다.

승선은 연산군과 매부지간인 익선 부원군益昌府院君 신수근의 딸로 태어났다. 승선의 나이 13세에 진성대군과 혼인하여 조강지처가 되었다. 성종과 정현왕후 사이에서 태어난 진성대군이 왕으로 추대되었으나 승선은 전혀 기쁘지가 않았다. 아버지 신수근이 연산군의 폭정에 반정세력으로 몰려 죽음을 당했기 때문이다. 신 씨의 왕비 책봉을 두고 반정 공신들은 극심한 반대를 했다. 중종이 아버지인 연산군을 죽인 것에 대한 복수가 두려웠기 때문이다. 승선은 자신이 어느 자리에 있어도 무방하다고 남편인 중종을 위로했다. 중종이 즉위하고 승선이 단경왕후로 책봉됨을 기려 거창현을 거창부로 높였다. 그러다가 단경왕후가 왕비 자리에서 물러나자, 다시 거창현으로 낮추어졌다. 영조(1724~1776)가 왕권을 잡은 뒤 단경왕후 신愼 씨를 복위시키고, 다시 거창부로 승격을 시켰다.

'거창을 스쳐간 명현들' 중에 필자의 시댁 선조님의 일화가 있어 발췌 기록한다.

정구鄭逑(1543~1620)

호는 한강寒岡이고 본관은 청주이며, 퇴계 선생의 수제자이셨다. 창녕현감으로 재직할 당시 선정을 베풀어 생사당(生祠堂 - 살아있는 사람을 모시는 사당)까지 세워졌다.

우리 시댁 선조이시며 예학자인 寒岡 鄭字逑字 선생은 앞에서 열거한

대로 퇴계 이황(1501~1570) 선생이 가장 아끼던 제자 중 한 분이셨다. 퇴계 선생을 동행해 거창에 자주 들린 흔적을 몇 군데 문헌에서 찾았다.

거창의 명승고적은 이루 다 나열할 수 없을 정도로 많다. 퇴계 선생은 장인인 '권질' 선생이 마리면 영승리에 살고 있어 거창엘 자주 들렀다. 퇴계 선생은 영송迎送을 영승迎勝이라고, 수송대愁送台를 수승대搜勝台로 명명하고, 시조를 지으며 휴양처로 삼았다. 수승대 거북바위엔 퇴계 선생의 시조가 새겨져 있기도 하다.

일백 권이 넘는 저서를 발간한 향토작가 표성흠 선생도 진정으로 존경하는 분이다. 서울에서 작가 활동을 하시다가 고향으로 돌아가 그림 같은 전원에 '풀과 나무의 집' 이라는 문학관을 세우고, 아동 문학가인 부인 강민숙 선생과 함께 후학들을 길러내고 있다.

그 문학관에 나의 분신인 시비詩碑가 세워져 있다. 처녀시집에 실린 대표 시 〈그곳에 있는 너〉가 수선화와 넝쿨장미와 어우러져 한 폭의 한국화를 그린다.

표 선생은 그 옛날 유림을 떠올리게 하는 복장으로 살고 있다. 온몸에서 먹물이 펑펑 솟아날 듯한 모습이다. 그분이 자신의 모습과 흡사한 분위기의 서재를 내게 공개할 때였다. 숱이 많은 턱수염은 간 데 없고 애동소년의 형상으로 비쳤다.

표 선생의 누님인 표영수 시인은 밭고랑을 오선지로 표현하고, 새싹을 음표로 일컫는 대단한 실력파다. 그분의 시심詩心을 매우 동경한다.

문단의 원로인 신계식 선생의 작품세계는 오랜 경륜이 묻어난다. 〈가는 길〉이라는 시어 속에 든 허허로운 감성이 눈물샘을 자극한다. 먼저 먼 길 떠난 부인을 기리는 그분의 최근작 일부를 열거한다.

가는 길

서두 생략.

산굽이 산굽이/하늘 한쪽 던져두고/산새 울음 묻어버린 여울물 소리/가다가다 벼랑 끝/ 노랑원추리//

농산물 중 '사과' 에 대해서는 단연 거창의 '부사' 를 꼽고 싶다. '거창 예찬론자' 들의 여러 가지 설이 있기에 나의 얕은 지식으로 열거하는 것보다 사과 맛을 본 유명 인사의 이야기를 적는다.

2007년 1월 18일 K B S 아침마당에 여섯 번째 출연했을 때다. 손범수, 이금희 아나운서의 사회로, 독일에 있는 중학교 동창생을 찾는 생방송을 했다. 이십 년 넘게 독일대사관으로 국내에 살고 있는 친구 언니댁으로 수소문 했지만 끝내 찾을 수가 없었다. 마지막으로 KBS '그 사람이 보고 싶다' 에 출연 신청을 했었다. 운이 좋아 채택이 되어 방송 출연을 했고 친구와 직접 통화까지 했다. 방송을 마치고 제자리로 돌아갈 때였다. 어느새 다가왔는지 손범수 아나운서가 내 손을 꼭 잡았다. 방송을 할 땐 지극히 사무적이던 모습이 아니라 누이를 대하듯 포근한 표정으로 말했다.

"거창사과, 오오! 정말 맛있어요. 제 동생이 거창 아가씨한테 장가를 들어 사돈댁에 한 번 갔더랬지요. 여사님의 시詩에 쓰여진 그림 같은 영호강도 잊을 수가 없어요. 동생 처가에서 해마다 보내주는 사과는 대한민국 어디에서도 맛보지 못한 명품입니다."

나는 그의 말에 감동해 지인들에게 거창 부사의 맛을 보였다. 해마다 거창 농협 사과를 엄청나게 주문했다. 손범수 아나운서는 나를 통해 거창 사과의 홍보대사가 된 셈이다.

거창 사람들의 성품은 대부분 정의로운 편이다. 불의를 보고는 절대로 참아 넘기지 못하는 건 장점이다. 때에 따라선 돌이킬 수 없는 단점이 되기도 한다. 금방 자신한테 불이익으로 돌아올지라도 바른말부터 하고 보는 건 오해를 부를 소지도 있기 때문이다. 그런 일들이 처음 사귀는 사람들한테는 거부감을 주기가 일쑤다. 감악산이 험준하고 건계정 계곡을 휘돌아 내리는 물살이 드세어서일까!

사람에 따라서는 한 번 사귀면 끝까지 가는 의협심도 있다. 진심어린 충고나 상대를 배려해서 한 말인데, 어휘력이 강해서 첫 느낌은 좋지 않다. 세월이 흘러서 그 부분이 이해가 되면, 그때부터는 영원한 벗이 되는 경우가 다반사다.

거창 군민은 음률과 춤을 즐길 줄 아는 풍류객도 많다. 그중 하나가 '거창 삼베 일 소리' 다. 그 일 소리는 농촌 여인들의 고달픔과 삶의 애환을 사실적으로 묘사하는 민요다. 지금도 거창 '쉼터' 에서 삼 씨를 뿌리는 과정에서부터 삼베 옷감이 완성되는 과정을 보여주는 공연을 하고 있다. 내 친구 전 여사도 예능 보유자가 되려고 열심히 공부하며 전국으로 공연도 다닌다.

젊은 인구는 늘지 않아 초등학교의 학생은 해마다 줄어든다. 산수山水가 수려하고 농산물이 풍부한 살기 좋은 거창에 많은 젊은이들이 모여들어, 지금보다 훨씬 거창한 거창군이 되기를 바라는 심정이다.

세계적인 명문 '거창고등학교' 를 거쳐 간 재원들이, 문화재 박물관을 통해 전통과 역사를 익혀나간다면, 시너지 효과로 거창은 세계적인 도시가 될 것이다.

'엘리베이터 기술대학' 도 설립돼 있다. 땅은 좁은데 핵가족 시대이니 고층으로만 올라가는 건물에서 엘리베이터가 없다면 어떻게 될까! 인문계와 산업계를 같은 울타리에서 아우르는 중앙고등학교는 교장으로 정년퇴임한 A 친구가 있어 익히 알고, 과학고등학교는 C 친구가 교장으로 퇴임해서 거창읍 단위에도 과학고가 있다는 걸 객지살이를 하는 나도 알게 됐다.

나의 안태鞍胎 고향은 김천시 남산동 37-7번지다. 복잡한 가정사로 인하여 채 백일도 안 된 아기 때 어머니의 품에 안겨 외가로 왔다고 어머니한테 들었다. 12세까지 거창에서 성장했기에, 고향을 묻는 이들한테 서슴지 않고 성장지인 '거창읍' 이라고 답한다.

오래전 별세한 어머니 산소가 있고, 내가 수재水災를 당했을 때 포근한 순면 이불을 선물해준 중앙 침구 최 여사가 있다. 참나무 숯불에 삼겹살을 구워주며 황토방에서 숙면하게 해주는 동산약국 한 여사, 그 친구의 별장에 머문 날의 아침 풍경을 일컬어 '무릉도원' 이라고 칭한다.

아침 공기가 얼마나 좋은지 그곳에서 숙면을 취한 날엔 안경이 필요치 않다. 월천의 전원주택에서 문인화 화가로 활동하고 있는 강 여사도 거창에 가면 찾아보는 좋은 벗이다.

이렇게 좋은 사람들과 함께하지 못하고 객지살이하는 나의 마음은, 시시로 고향 쪽을 바라다보며 어머니와 친구들 생각에 젖는다.

해마다 출향문인들에게 글 마당을 열어주어,
초심으로 돌아갈 수 있는 기회를 주는
고향의 문우文友들이 있기에 꿈속에서도 나는 거창을 그린다.

계간문예수필선 114

아버지의 조강지처

초판 인쇄 | 2019년 12월 20일
초판 발행 | 2019년 12월 23일

지 은 이 | 김문선
회 장 | 서정환
발 행 인 | 정종명
편집주간 | 차윤옥

펴낸곳 | 도서출판 계간문예
편집부 | 03132 서울 종로구 삼일대로 30길 21 종로오피스텔 1209호
주소 | 03132 서울 종로구 삼일대로 32길 36 운현신화타워 305호
전화 | 02-3675-5633, 070-8806-4052
팩스 | 02-766-4052
이메일 | munin5633@naver.com
등록 | 2005년 3월 9일 제300-2005-34호
ISBN 978-89-6554-214-8 04810
ISBN 978-89-6554-133-2 (세트)

값 15,000원

이 도서의 국립중앙도서관 출판예정도서목록(CIP)은 서지정보유통지원시스템 홈페이지(http://seoji.nl.go.kr)와 국가자료공동목록시스템(http://www.nl.go.kr/kolisnet)에서 이용하실 수 있습니다. (CIP제어번호: CIP2020000683)